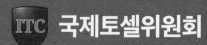

TOSEL
유형분석집

KB126678

PRE-STARTER

Section II.
Reading & Writing

TOSEL
Reading

TOSEL

TOSEL
Cocoon

유치원생

TOSEL

TOSEL
Pre Starter

초등 1,2학년

TOSEL

TOSEL
Starter

초등 3,4학년

3	4	5	6
영어의 도약단계	영어의 실전단계	영어의 고급화 단계	영어의 완성단계

TOSEL

TOSEL

TOSEL

TOSEL

TOSEL
Basic

초등 5,6학년

TOSEL
Junior

중학생

TOSEL
High Junior

고등학생

TOSEL
Advanced

대학생, 직장인

About TOSEL ® ———— **TOSEL에 대하여**

TOSEL은 각급 학교 교과과정과 연령별 인지단계를 고려하여 단계별 난이도와 문항으로
영어 숙달 정도를 측정하는 영어 사용자 중심의 맞춤식 영어능력인증 시험제도입니다.
평가유형에 따른 개인별 장점과 단점을 파악하고, 개인별 영어학습 방향을 제시하는 성적분석자료를 제공하여
영어능력 종합검진 서비스를 제공함으로써 영어 사용자인 소비자와
영어능력 평가를 토대로 영어교육을 담당하는 교사 및 기관 인사관리자인 공급자를
모두 만족시키는 영어능력인증 평가입니다.

TOSEL은 인지적-학문적 언어 사용의 유창성 (Cognitive-Academic Language Proficiency, CALP)과
기본적-개인적 의사소통능력 (Basic Interpersonal Communication Skill, BICS)을
엄밀히 구분하여 수험자의 언어능력을 가장 친밀하게 평가하는 시험입니다.

대상

유아, 초, 중, 고등학생,
대학생 및 직장인 등 성인

목적

한국인의 영어구사능력 증진과
비영어권 국가의 영어 사용자의
영어구사능력 증진

용도

실질적인 영어구사능력 평가 +
입학전형 및 인재선발 등에 활용
및 직무역량별 인재 배치

연혁

2002.02	국제토셀위원회 창설 (수능출제위원역임 전국대학 영어전공교수진 중심)
2004.09	TOSEL 고려대학교 국제어학원 공동인증시험 실시
2006.04	EBS 한국교육방송공사 주관기관 참여
2006.05	민족사관고등학교 입학전형에 반영
2008.12	고려대학교 편입학시험 TOSEL 유형으로 대체
2009.01	서울시 공무원 근무평정에 TOSEL 점수 가산점 부여
2009.01	전국 대부분 외고, 자사고 입학전형에 TOSEL 반영
	(한영외국어고등학교, 한일고등학교, 고양외국어고등학교, 과천외국어고등학교, 김포외국어고등학교, 명지외국어고등학교, 부산국제외국어고등학교, 부일외국어 고등학교, 성남외국어고등학교, 인천외국어고등학교, 전북외국어고등학교, 대전외국어고등학교, 청주외국어고등학교, 강원외국어고등학교, 전남외국어고등학교)
2009.12	청심국제중·고등학교 입학전형 TOSEL 반영
2009.12	한국외국어교육학회, 팬코리아영어교육학회, 한국음성학회, 한국응용언어학회 TOSEL 인증
2010.03	고려대학교, TOSEL 출제기관 및 공동 인증기관으로 참여
2010.07	경찰청 공무원 임용 TOSEL 성적 가산점 부여
2014.04	전국 200개 초등학교 단체 응시 실시
2017.03	중앙일보 주관기관 참여
2018.11	관공서, 대기업 등 100여 개 기관에서 TOSEL 반영
2019.06	미얀마 TOSEL 도입 발족식
	베트남 TOSEL 도입 협약식
2019.11	2020학년도 고려대학교 편입학전형 반영
2020.04	국토교통부 국가자격시험 TOSEL 반영
2021.07	소방청 간부후보생 선발시험 TOSEL 반영

About TOSEL

What's TOSEL?

"Test of Skills in the English Language"

TOSEL은 비영어권 국가의 영어 사용자를 대상으로 영어구사능력을 측정하여
그 결과를 공식 인증하는 영어능력인증 시험제도입니다.

영어 사용자 중심의 맞춤식 영어능력 인증 시험제도

맞춤식 평가

**획일적인 평가에서
세분화된 평가로의 전환**

TOSEL은 응시자의 연령별
인지단계에 따라 별도의 문항과 난이도를
적용하여 평가함으로써 평가의
목적과 용도에 적합한 평가 시스템을
구축하였습니다.

공정성과 신뢰성 확보

국제토셀위원회의 역할

TOSEL은 고려대학교가 출제 및
인증기관으로 참여하였고
대학입학수학능력시험 출제위원 교수들이
중심이 된 국제토셀위원회가 주관하여
사회적 공정성과 신뢰성을 확보한
평가 제도입니다.

수입대체 효과

외화유출 차단 및 국위선양

TOSEL은 해외시험응시로 인한 외화의
유출을 막는 수입대체의 효과를 기대할 수
있습니다. TOSEL의 문항과 시험제도는
비영어권 국가에 수출하여 국위선양에
기여하고 있습니다.

Why TOSEL®

왜 TOSEL인가

01 학교 시험 폐지

일선 학교에서 중간, 기말고사 폐지로
인해 객관적인 영어 평가 제도의
부재가 우려됩니다. 그러나
전국단위로 연간 4번 시행되는
TOSEL 평가시험을 통해 학생들은
정확한 역량과 체계적인 학습방향을
꾸준히 진단받을 수 있습니다.

02 연령별/단계별 대비로 영어학습 점검

TOSEL은 응시자의 연령별 인지단계
및 영어 학습 단계에 따라 총 7단계로
구성되었습니다. 각 단계에 알맞은
문항유형과 난이도를 적용해 모든
연령 및 학습 과정에 맞추어 가장
효율적으로 영어실력을 평가할 수
있도록 개발된 영어시험입니다.

03 학교 내신성적 향상

TOSEL은 학년별 교과과정과
연계하여 학교에서 배우는 내용을
학습하고 평가할 수 있도록 문항 및
주제를 구성하여 내신영어 향상을
위한 최적의 솔루션을 제공합니다.

04 수능대비 직결

유아, 초, 중등시절 어렵지 않고
즐겁게 학습해 온 영어이지만,
수능시험준비를 위해 접하는 영어의
문항 및 유형 난이도에 주춤하게
됩니다. 이를 대비하기 위해 TOSEL은
유아부터 성인까지 점진적인 학습을
통해 수능대비를 자연적으로 해나갈
수 있습니다.

05 진학과 취업에 대비한 필수 스펙관리

개인별 '학업성취기록부' 발급을 통해
영어학업성취이력을 꾸준히 기록한
영어학습 포트폴리오를 제공하여
영어학습 이력을 관리할 수 있습니다.

06 자기소개서에 토셀 기재

개별적인 진로 적성 Report를
제공하여 진로를 파악하고
자기소개서 작성시 적극적으로
활용할 수 있는 객관적인 자료를
제공합니다.

07 영어학습 동기부여

시험실시 후 응시자 모두에게
수여되는 인증서는 영어학습에 대한
자신감과 성취감을 고취시키고
동기를 부여합니다.

08 AI 분석 영어학습 솔루션

국내외 15,000여개 학교/학원 단체
응시 인원 중 엄선한 100만명 이상의
실제 TOSEL 성적 데이터를 기반으로
영어인증시험 제도 중 세계 최초로
인공지능이 분석한 개인별 AI 정밀진
단 성적표를 제공합니다. 최첨단 AI 정
밀 진단 성적표는 최적의 영어학습 솔
루션을 제시하여 영어 학습에 소요되
는 시간과 노력을 획기적으로 절감해
줍니다.

09 명예의 전당, 우수협력기관 지정

우수교육기관은
'TOSEL 우수 협력 기관'에 지정되고,
각 시/도별, 최고득점자를 명예의
전당에 등재합니다.

Evaluation —————— 평가

평가의 기본원칙

TOSEL은 PBT(Paper Based Test)를 통하여 간접평가와 직접평가를 모두 시행합니다.

TOSEL은 언어의 네 가지 요소인 읽기, 듣기, 말하기, 쓰기 영역을 모두 평가합니다.

문자언어

읽기능력
쓰기능력

음성언어

듣기능력
말하기능력

대한민국 대표 영어능력 인증 시험제도

TOSEL®

Reading 읽기	모든 레벨의 읽기 영역은 직접 평가 방식으로 측정합니다.
Listening 듣기	모든 레벨의 듣기 영역은 직접 평가 방식으로 측정합니다.
Writing 쓰기	모든 레벨의 쓰기 영역은 간접 평가 방식으로 측정합니다.
Speaking 말하기	모든 레벨의 말하기 영역은 간접 평가 방식으로 측정합니다.

TOSEL은 연령별 인지단계를 고려하여 아래와 같이 7단계로 나누어 평가합니다.

1 단계		TOSEL® COCOON	5~7세의 미취학 아동
2 단계		TOSEL® Pre-STARTER	초등학교 1~2학년
3 단계		TOSEL® STARTER	초등학교 3~4학년
4 단계		TOSEL® BASIC	초등학교 5~6학년
5 단계		TOSEL® JUNIOR	중학생
6 단계		TOSEL® HIGH JUNIOR	고등학생
7 단계		TOSEL® ADVANCED	대학생 및 성인

Grade Report

성적표 및 인증서

개인 AI 정밀진단 성적표

십 수년간 전국단위 정기시험으로 축적된 빅데이터를 교육공학적으로 분석 · 활용하여 산출한 개인별 성적자료

정확한 영어능력진단/섹션별 · 파트별 영어능력 및 균형 진단/명예의 전당 등재 여부/온라인 최적화된 개인별 상세 성적
자료를 위한 QR코드/응시지역, 동일학년, 전국에서의 학생의 위치

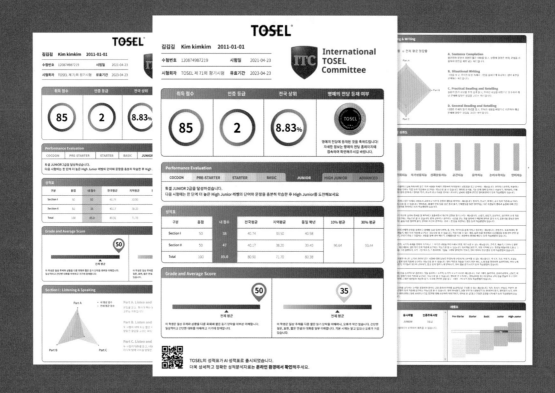

단체 및 기관 응시자 AI 통계 분석 자료

십 수년간 전국단위 정기시험으로 **축적된 빅데이터를**
교육공학적으로 분석 · 활용하여 산출한 응시자 통계 분석 자료

- 단체 내 레벨별 평균성적추이, LR평균 점수, 표준편차 파악
- 타 지역 내 다른 단체와의 점수 종합 비교/단체 내 레벨별
  학생분포 파악
- 동일 지역 내 다른 단체 레벨별 응시자의 평균 나이 비교
- 동일 지역 내 다른 단체 명예의 전당 등재 인원 수 비교
- 동일 지역 내 다른 단체 최고점자의 최고 점수 비교
- 동일 지역 내 다른 응시자들의 수 비교

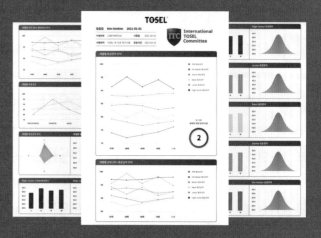

'토셀 명예의 전당' 등재

특별시, 광역시, 도 별 **1등 선발**
(7개시 9개도 **1등 선발**)

*홈페이지 로그인 - 시험결과 - 명예의 전당에서
 해당자 등재 증명서 출력 가능

'학업성취기록부'에 토셀 인증등급 기재

개인별 **'학업성취기록부'** 평생 발급
진학과 취업을 대비한 **필수 스펙관리**

인증서

대한민국 초,중,고등학생의 영어숙달능력 평가 결과 공식인증

고려대학교 인증획득 (2010. 03)   팬코리아영어교육학회 인증획득 (2009. 10)   한국응용언어학회 인증획득 (2009. 11)

한국외국어교육학회 인증획득 (2009. 12)   한국음성학회 인증획득 (2009. 12)

Grade Report

성적표 및 인증서

단체 및 기관 응시자 AI 통계 분석 자료

십 수년간 전국단위 정기시험으로 **축적된 빅데이터를 교육공학적으로 분석·활용**하여 산출한 응시자 통계 분석 자료

정확한 영어능력진단/응시지역, 동일학년, 전국에서의 학생의 위치/섹션별·파트별 영어능력 및 균형 진단 /
명예의 전당 등재 여부/온라인 최적화된 개인별 상세 성적자료를 위한 QR코드

"성적표로 나의 약점을 파악하고, 유형분석집으로 보완해요!"

성적표 연계 유형분석집 200% 활용 팁

TOSEL은 1년에 4회 전국적으로 치뤄지는 정기시험을 통해 전국 15,000여개 교육기관의 실제 토셀 성적 데이터를 기반으로 국제토셀위원회, 고려대학교 언어정보연구소, 한국데이터산업진흥원, 과학기술정보통신부와 정보통신산업진흥원이 지원하는 빅데이터 및 AI 지원사업을 통해 개발한 AI 정밀 진단 성적표를 제공하고 있습니다. AI 정밀 진단 성적표의 시험 성적 결과뿐만 아니라 응시자에게 학습 방향을 제시하는 맞춤형 분석 결과를 통해 유형 분석집을 200% 활용할 수 있는 방법을 소개합니다.

> 상위권 도약을 원하는 학생들을 위한 자주 틀리는 유형의 소개 및 문제 풀이 전략과 공부방법을 제시

> 최상위권 도약을 원하는 학생들을 위해 해당 시험에서 출제되지 않은 유형 소개

유형분석집을 통해 부족한 유형들을 집중적으로 공부

● 내 정답률   ● 전체 평균 정답률

Part A
Part B   Part C
Part D

PART A. Spell the Words

그림을 보고,
해당 단어의 올바른 철자를 골라 단어를 완성하는 파트입니다.

PART B. Look and Recognize

그림을 보고,
그림이 묘사하고 있는 상황에 알맞은 영어 문장을 고르는 파트입니다.

PART C. Look and Respond

그림을 보고, 그림을 올바르게 묘사하고
주어진 질문에 알맞은 영어 문장을 고르는 파트입니다.

PART D. Read and Retell

읽기 자료를 읽고, 내용을 바탕으로
올바른 답을 유추하여 문제에 알맞은 응답을 고르는 파트입니다.

About this book

책 구조 한 눈에 보기

본 교재는 최근의 TOSEL 시험을 구성별로 차례차례 소개하는 **지침서**이며,
학습자들이 시험 유형을 **부담 없이** 숙지하고 습득하도록 교재를 다음과 같이 깔끔하게 구성했습니다.

Study Plan

4주 Plan 단기 집중 공략
8주 Plan 기초부터 실전까지 단계
별로 정복

Overview

각 파트 시험 소개 및
학습 전략

Vocabulary

해당 유형의
주요 단어 소개

Example

실전보다 약간 쉽거나
축약된 형태의 문제로
해당 유형 익히기

Pattern Practice

실전보다 약간 쉽거나
축약된 형태의 문제로
TOSEL 시험 맛보기

Practice Test

실제 시험과 동일한 형태와 수준의
문제로 실전 연습하기

Appendix

TOSEL 시험에 나오는
어휘, 표현 정리

정답과 해설

Practice Test 속 문제 단어와
문제의 포인트를 잡는 명쾌한 해설

About this book

유형 분류 기준

국내외 15,000여개 학교/학원 단체 응시 인원 중 엄선한 100만명 이상의 실제 TOSEL 성적 데이터를 기반으로 속성 분석
프로그램을 이용하여, 문제 유형을 분류한 것을 바탕으로 집필되었습니다.

01 파트별 유형 설명

TOSEL Pre-Starter 시험의 읽기와 쓰기 Section에는 **총 4개의 파트**로 나뉘어 있습니다.
각 파트별 단원이 시작하기 전에 각각 어떤 문항이 출제되는지, 어떤 종류의 유형이 있는지,
총 몇 개의 문항으로 구성되는지 등 파트별 유형 설명을 한눈에 알아보기 쉽게 정리하였습니다.

02 파트별 학습 전략

각 파트는 세부 유형으로 나누어 학습합니다. 본격적인 유형 학습에 들어가기에 앞서 **각 파트별
알짜 학습 전략**을 친절하게 알려줍니다. 문항을 풀 때 **문항 접근 방식 및 풀이 전략, 유형별 학습
방법** 등 학습 전략을 참고하여 심도 있고 수준 높은 영어 학습을 하기 바랍니다.

03 유형별 핵심 단어

수월하게 문제를 풀고 이해할 수 있도록 각 파트 시작 전, **핵심 단어를 제시**했습니다.
본격적인 학습을 하기전에 단어를 암기하기 바랍니다.

About this book

04 ## 3단계 유형 학습

각 파트는 **세부 유형**으로 구분됩니다. 각 유형 학습은 세 단계로 나누어 학습하도록 구성하였습니다.
1단계부터 3단계까지 차근차근 학습하다 보면 자연스레 유형을 습득할 수 있도록 구성하였습니다. 세 단계는 다음과 같습니다.

Step 1. Example

유형을 처음 익히는 단계이며, 유형마다 대표 예제가 한 문제씩 제시됩니다. 학습자는 대표 예제를 해석, 풀이, 어휘와 함께 보면서 해당 유형의 문제 형태를 익힐 수 있습니다.

Step 2. Pattern Practice

유형과 친해지는 중간 단계이며, 각 유형마다 두 문항 정도가 출제됩니다.
본격적으로 학생들이 스스로 문제를 풀고, 문항 바로 다음에 해석과 해설을 꼼꼼히 수록하여 바로 정답을 확인할 수 있도록 하였습니다.
Step1 에서 제시한 예제와 같은 패턴의 문제를 연습 하는 것이 주목적입니다.

Step 3. Practice Test

유형을 완벽히 습득하는 마지막 단계이며, 각 유형마다 두 개 내지 네 개 문항이 수록됩니다. 해석과 해설은 본문이 아닌, 별책인 정답 및 해설지에 따로 제공됩니다. 학생들이 스스로 실제 문항을 풀어 보며 유형을 완전히 숙지하는 단계입니다.

About this book

Appendix에는 유형분석집에서 제시하고 있는 모든 단어를 알파벳 순으로 정리하여 제시하고 있습니다.

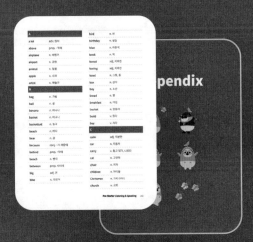

Appendix

단어들을 쉽게 찾고 공부할 수 있도록
유형분석집에 제시된 단어들을 알파벳 순으로 정리하여
제공하고 있습니다.

각 유형 Practice Test 단계에서 출제된 **문항의 해석과 해설이 수록**되어 있어 문제 풀이 후 자신의 학습 결과를 확인하고
복습할 수 있습니다.

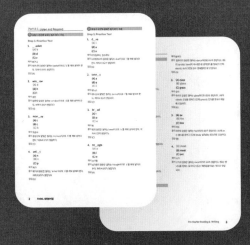

Answer

학생들이 스스로 문항을 풀어보는
Practice Test 단계의 문제 풀이 후 오답 여부를 확인할 수 있도록
문항에 대한 해석과 해설이 수록되어 있습니다.

Weekly Study Plan

4-WEEK Plan 단기간 안에 점수가 필요한 학습자를 위한 플랜

	Day 1	Day 2	Day 3	Day 4	Day 5
Week 1	Part A-1: 1 월 일	Part A-1: 2 월 일	Part A-2: 1 월 일	Part A-2: 2 월 일	Part B: 1 월 일
Week 2	Part B: 2 월 일	Part B: 3 월 일	Part B: 4 월 일	Part B: 5 월 일	Part C: 1 월 일
Week 3	Part C: 2 월 일	Part C: 3 월 일	Part C: 4 월 일	Part C: 5 월 일	Part D: 1 월 일
Week 4	Part D: 2 월 일	Part D: 3 월 일	Part D: 4 월 일	Part D: 5 월 일	Appendix 월 일

Weekly Study Plan

8-WEEK Plan 기초부터 실전까지 차근차근 정복하여 TOSEL 점수를 내고 싶은 학습자를 위한 플랜

	Day 1	Day 2	Day 3	Day 4	Day 5
Week 1	Part A-1: 1 월 일	Part A-1: 1 월 일	Part A-1: 2 월 일	Part A-1: 2 월 일	Part A-2: 1 월 일
Week 2	Part A-2: 1 월 일	Part A-2: 2 월 일	Part A-2: 2 월 일	Part B: 1 월 일	Part B: 1 월 일
Week 3	Part B: 2 월 일	Part B: 2 월 일	Part B: 3 월 일	Part B: 3 월 일	Part B: 4 월 일
Week 4	Part B: 4 월 일	Part B: 5 월 일	Part B: 5 월 일	Part C: 1 월 일	Part C: 1 월 일
Week 5	Part C: 2 월 일	Part C: 2 월 일	Part C: 3 월 일	Part C: 3 월 일	Part C: 4 월 일
Week 6	Part C: 4 월 일	Part C: 5 월 일	Part C: 5 월 일	Part D: 1 월 일	Part D: 1 월 일
Week 7	Part D: 2 월 일	Part D: 2 월 일	Part D: 3 월 일	Part D: 3 월 일	Part D: 4 월 일
Week 8	Part D: 4 월 일	Part D: 5 월 일	Part D: 5 월 일	Appendix 월 일	Appendix 월 일

Table of Contents

Section II. Reading & Writing

Part A Spell the Words

Part A 유형설명

유형	세부 내용	문항 수
A-1 빈칸에 알맞은 철자 찾기	**1.** 자음	**각 유형이 골고루 출제됨**
	2. 모음	
A-2 알맞은 철자 찾기	**1.** Jumbled	
	2. 헷갈리는 철자	
총 4개 유형		**총 5문항**

DIRECTION

1 1번에서 2번까지는 빈칸을 알맞게 채워 단어를 완성하는 문제입니다.

2 3번부터 5번까지는 그림을 보고, 단어의 철자를 바르게 나열한 것을 고르는 문제입니다.

3 시험지에는 한 문제 당 각각 한 개의 그림과 3개의 보기가 주어집니다.

Part A-1 는 이렇게 준비하자!

❶ 그림, 질문, 보기를 잘 비교하자.

Part A-1에서는 하나의 그림이 시험지에 주어지고 그 그림이 나타내는 것의 올바른 영어 단어 철자를 맞추는 문제가 나옵니다. 따라서 영어 단어를 공부할 때 철자도 함께 공부하는 것이 도움이 됩니다.

❷ 헷갈리는 영어 단어 철자에 주의하자.

특히 헷갈리는 영어 단어 철자에 주의해야 하는데, 이 경우는 발음과 철자가 예상과는 다른 경우이거나 /b/와 /v/, /l/과 /r/ 등 우리나라 발음에는 구분이 되지 않는 영어 발음일 경우입니다. 이에 주의하여 공부합시다.

Example

Q __ase

(A) b
(B) <u>v</u>
(C) d

정답은 (B) v입니다. 꽃병은 'vase'가 정확한 철자로 우리나라 발음으로 'base'와 아주 유사해서 발음만 알아두었다가 혼동할 수 있으니 올바른 영어 단어의 철자를 알아두어야 합니다.

VOCABULARY

n	**clock**	시계		n	**flower**	꽃
n	**swing**	그네		v	**dive**	다이빙하다
n	**mother**	엄마		n	**tennis**	테니스
n	**basket**	바구니		n	**bread**	빵
n	**window**	창문		v	**drive**	운전하다
n	**monkey**	원숭이		n	**triangle**	삼각형
n	**artist**	예술가		n	**church**	교회
n	**socks**	양말		n	**chair**	의자

유형 1

자음

그림을 보고 단어를 파악한 후 빈칸에 알맞은 철자를 채워넣는 유형입니다.

알파벳, 단어 그리고 철자를 열심히 공부하면 쉽게 풀 수 있는 유형입니다. 알파벳 자음을
알파벳 순서대로 익혀봅시다.

● 알파벳(Alphabet) 자음 ────────────────

B bread   **C** cat   **D** dog   **F** fruit   **G** good   **H** hat   **J** cat

K king   **L** lemon   **M** mouth   **N** nose   **P** pig   **Q** queen   **R** robot

S snake   **T** tea   **U** uncle   **V** violin   **W** wind   **X** x-ray   **Z** zoo

Step 1. Example

Q

clo__k

(A) c

(B) h

(C) n

💬 **풀이**   정답 (A)

문제에서 제시된 철자들은 'clo__k'이고, 그림에선 시계의 모습이 나타나 있습니다. 철자와 주어진 그림을 보았을 때 문제의 단어는 'clock (시계)'임을 알 수 있습니다. 따라서 정답은 'c'인 (A)입니다.

💡 **Tip**

단어들을 평소에 미리 외워두면, 그림과 주어진 철자를 보고 정답을 쉽게 유추할 수 있습니다. 'Vocabulary'에서 단어들을 공부해봅시다.

Q

s__ing

(A) d

(B) w

(C) f

💬 풀이   정답 (B)

문제에서 제시된 철자들은 's__ing'이고, 그림에선 아이들이 그네를 타고 있는 모습이 나타나 있습니다. 철자와 주어진 그림을 보았을 때 문제의 단어는 'swing (그네)'임을 알 수 있습니다. 따라서 정답은 'w'인 (B)입니다.

 Tip

위의 문제와 같이 놀이터에 있는 **놀이 기구 관련 단어들**이 출제되는 경우가 있으니, 놀이 기구 관련 단어들을 미리 숙지하도록 합시다.

Q

mo__her

(A) n

(B) t

(C) f

💬 **풀이**   정답 **(B)**

문제에서 제시된 철자들은 'mo__her'이고, 그림에선 아이를 안고 있는 엄마의 모습이 나타나 있습니다. 철자와 주어진 그림을 보았을 때 문제의 단어는 'mother(엄마)'임을 알 수 있습니다. 따라서 정답은 't'인 (B)입니다.

 Tip

단어를 미리 공부해두면, 위의 문제와 같이 그림 속의 대상이 두 가지가 있는 경우, **주어진 철자와 가장 관련된 단어가 무엇인지 추측할 수 있습니다.**

Q1

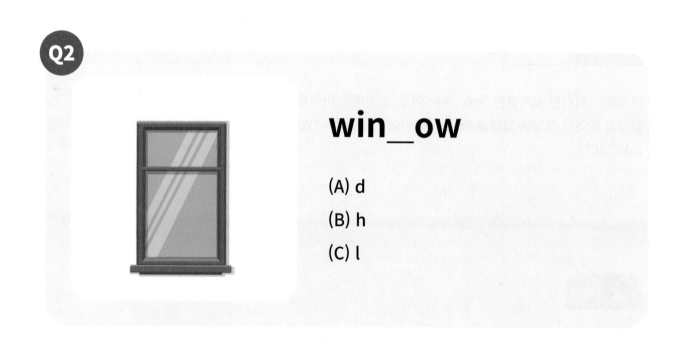

__asket

(A) b

(B) d

(C) v

Q2

win__ow

(A) d

(B) h

(C) l

Q3

mon__ey

(A) s

(B) c

(C) k

Q4

arti__t

(A) n

(B) s

(C) p

유형 2

모음

그림을 보고 단어를 파악한 후 빈칸에 알맞은 철자를 채워넣는 유형입니다.

이번 유형에서는 영어의 모음을 공부합니다. 영어에서 모음은 알파벳의 /a, e, i, o, u/입니다.
알파벳, 단어 그리고 철자를 열심히 공부하면 쉽게 풀 수 있는 유형입니다.

• 알파벳(Alphabet) 모음

A   E   I   O   U

arm   pet   pig   dog   sun

hat   egg   swim   hot   bus

Step 1. Example

Q

s__cks

(A) i

(B) o

(C) u

 풀이   정답 **(B)**

문제에서 제시된 철자들은 's __cks'이고, 그림에서는 양말의 모습이 나타나 있습니다. 철자와 주어진 그림을 보았을 때 문제의 단어는 'socks (양말)'임을 알 수 있습니다. 따라서 정답은 'o'인 (B)입니다.

Tip

양말은 두 짝을 한켤레로 보기 때문에, 양말을 가리킬 때 보통 양말을 뜻하는 'sock'에 복수형을 나타내는 '-s'를 붙여 'socks'로 사용합니다.

Q

fl__wers

(A) o

(B) a

(C) i

💬 **풀이**   정답 (A)

문제에서 제시된 철자들은 'fl __ wers'이고, 그림에선 꽃들의 모습이 나타나있습니다. 철자와 주어진 그림을 보았을 때 문제의 단어는 'flowers (꽃)'임을 알 수 있습니다. 따라서 정답은 'o'인 (A)입니다.

💡 **Tip**

우리나라 발음으로 /플라워/소리가 나서 빈칸을 'a'로 혼동할 수 있으니 **정확한 철자**를 알아두어야 합니다.

Q

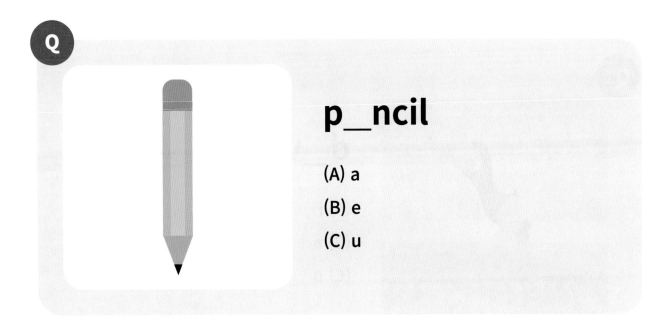

p__ncil

(A) a

(B) e

(C) u

💬 **풀이**　　　정답 **(B)**

문제에서 제시된 철자들은 'p _ ncil'이고, 그림에선 연필의 모습이 나타나 있습니다. 철자와 주어진 그림을 보았을 때 문제의 단어는 'pencil (연필)'임을 알 수 있습니다. 따라서 정답은 'e'인 (B)입니다.

 Tip

학교에서 공부할 때 사용하는 **필기 도구 관련 단어**들은 문제에 자주 출제되므로, 필기 도구 관련 단어들을 미리 숙지하는 것이 도움이 됩니다.

Q1

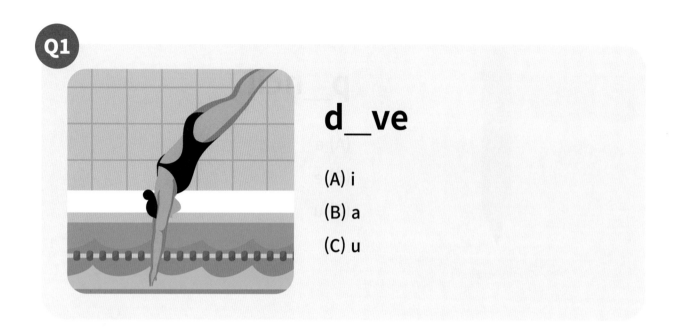

d__ve

(A) i

(B) a

(C) u

Q2

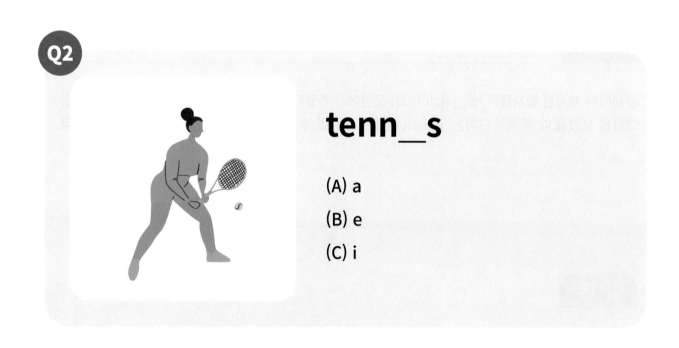

tenn__s

(A) a

(B) e

(C) i

Q3

br__ad

(A) i

(B) o

(C) e

Q4

tri_ngle

(A) a

(B) i

(C) e

Part A-2 는 이렇게 준비하자!

❶ 주어진 그림을 잘 살펴보자.

Part A-2에서는 그림을 바탕으로 해서 올바른 단어를 선택하는 유형의 문제가 출제됩니다. 그림을 보고 정확한 단어를 알 수 있다면 어렵지 않게 풀 수 있습니다. 출제되는 주제는 사물의 이름, 감정, 인물의 동작 등입니다. 이에 관한 일상생활 단어들을 충실히 공부합시다.

❷ 단어를 소리내어 발음해 보자.

'Jumbled', '헷갈리는 철자' 유형은 모두 단어의 발음을 정확하게 알고 있다면 수월하게 해결할 수 있는 문제들입니다. 단어를 알고 있다면 소리내어 발음하여 정확한 답을 찾아봅시다. 발음이 서로 비슷하여 헷갈리는 단어들도 있으니 단어를 공부할 때 잘 구별하여 익히도록 합시다.

VOCABULARY

n	**backpack**	배낭
n	**church**	교회
adj	**hungry**	배고픈
n	**chair**	의자
n	**soccer**	축구
n	**bird**	새
n	**map**	지도
n	**mop**	대걸레

n	**pen**	펜
n	**van**	승합차
n	**ox**	황소
n	**fox**	여우
n	**glass**	유리, 유리컵
n	**grass**	풀
v	**meet**	만나다
n	**meat**	고기

유형 1

Jumbled

그림을 보고 보기 3개에 주어진 뒤섞인 철자 중 알맞은 철자를 고르는 문제입니다.

주변에서 흔히 볼 수 있는 것들의 영어 단어와 철자 공부를 하면 쉽게 풀 수 있습니다.
헷갈릴 수 있으니 철자에 주의해야 합니다.

학습 💡 전략

✅ **소리내어 발음하기!**

그림을 보고 그림이 가리키는 단어를 알고 있다면 소리내어서 발음해
보면 정확한 철자로 쓰인 답안을 쉽게 고를 수 있습니다. 평소 단어를 공부할
때 소리내어서 읽거나 발음을 들으면서 공부하는 습관을 들입시다.

✅ **발음하기 어려운 단어 골라내기!**

단어를 모르더라도 3개의 보기 중 발음하기 어려운 단어를 제외하면 답을
보다 쉽게 고를 수 있습니다. 'backpack'은 '백팩'이라고 발음할 수 있지만,
'bcpakkca'는 발음하기 어렵겠죠?

Step 1. Example

Q

(A) backpack

(B) bkcapcka

(C) bcpakkca

🔊 **해석**   배낭/책가방

💬 **풀이**   정답 (A)

'배낭/책가방'의 알맞은 철자는 'backpack'입니다. 따라서 정답은 (A)입니다.

 Tip

선택지의 철자가 헷갈릴 경우, 선택지의 철자를 한번 **직접 발음**해보는 것이 문제를 푸는 데에 도움이 됩니다.

Q

(A) grdeani

(B) reading

(C) inegadr

🔊 해석   책 읽기/책을 읽는 것

💬 풀이   정답 (B)

'책 읽기/책을 읽는 것'의 알맞은 철자는 'reading'입니다. 따라서 정답은 (B)입니다.

💡 Tip

단어들을 미리 숙지한 경우, 문제의 그림이 어떤 단어를 가르키는지 모호하더라도 **선택지의 단어**를 보고 빠르게 파악할 수 있습니다.

Q

(A) cuchrh

(B) church

(C) chruhc

🔊 해석

교회

💬 풀이　　　정답 (B)

'교회'의 알맞은 철자는 'church'입니다. 따라서 정답은 (B)입니다.

💡 Tip

위 문제 선택지의 (B)와 (C)처럼 비슷한 철자를 혼동해 실수하는 일이 없도록 선택지를 꼼꼼히 확인하도록 합시다.

Q1

(A) caihr

(B) chair

(C) cihra

Q2

(A) soccer

(B) secocr

(C) socrec

Q3

(A) hrnguy

(B) hungry

(C) hygnur

Q4

(A) picture

(B) putceri

(C) percitu

유형 2
헷갈리는 철자

그림을 보고 보기 3개에 주어진 단어의 철자 중 알맞은 철자를 고르는 문제입니다.

주변에서 흔히 볼 수 있는 영어 단어와 철자 공부를 열심히 하면 쉽게 풀 수 있습니다.
특히 헷갈리는 철자 문제가 자주 나오니 3개의 보기를 유심히 보고 정답을 골라야 합니다.

학습 전략

✔ **선택지의 모든 단어들을 정리해보기!**

정답 선택지뿐만 아니라, 오답 선택지의 단어들도 정리해 공부하는 것이
단어 공부하는 데에 큰 도움이 됩니다.

✔ **그림만 보고 단어를 떠올려 보기!**

헷갈릴 땐 선택지를 먼저 확인하는 것이 전략이 될 수 있지만, 그림만 보고
알맞은 단어를 바로 연상시키는 능력을 키우는 것이 가장 중요합니다.

Step 1. Example

Q

(A) bird

(B) barn

(C) bind

해석   새

풀이   정답 (A)

세 가지 단어 모두 비슷한 발음을 가지고 있기 때문에 혼동하지 않도록 주의해야 합니다. (B)의 'barn'은 '곳간, 외양간'을 뜻하고 (C)의 'bind'는 '묶다, 감다'라는 뜻이므로 오답입니다. '새'의 알맞은 철자는 'bird'입니다. 따라서 정답은 (A)입니다.

Tip

동물과 관련된 단어는 자주 출제되니, **동물과 관련된 단어들을 미리 공부하는 것이** 시험을 대비하는 데에 도움이 됩니다.

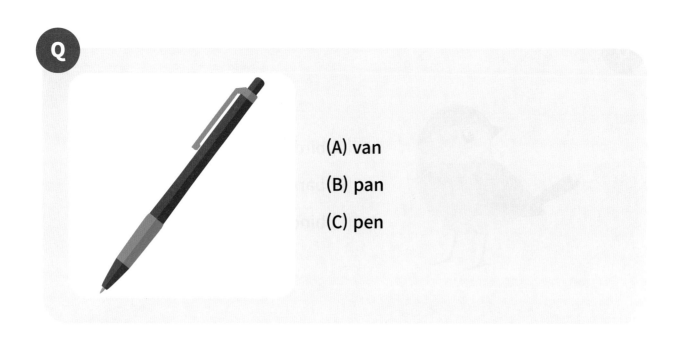

Q

(A) van

(B) pan

(C) pen

해석   펜

풀이   정답 (C)

세 가지 단어 모두 비슷한 발음을 가지고 있기 때문에 혼동하지 않도록 주의해야 합니다. (A)의 'van'은 '승합차, 밴'을 뜻하고 (B)의 'pan'은 '냄비'라는 뜻이므로 오답입니다. '볼펜'의 알맞은 철자는 'pen'입니다. 따라서 정답은 (C)입니다.

Tip

위 문제와 같이 자음 모음 철자가 매우 비슷한 경우, 직접 발음해 보아도 정확한 답을 고르기 힘들 수 있습니다. 그러므로 여러가지 **단어들을 미리 숙지**하는 것이 중요합니다.

Q

(A) cup

(B) mop

(C) map

📖 **해석**   지도

💬 **풀이**   정답 (C)

세 가지 단어 모두 비슷한 발음을 가지고 있기 때문에 혼동하지 않도록 주의해야 합니다. (A)의 'cup'은 '컵'을 뜻하고 (B)의 'mop'는 '대걸레'라는 뜻으로 오답입니다. '지도'의 알맞은 철자는 'map'이므로 (C)가 정답입니다. 따라서 정답은 (C)입니다.

 Tip

위 문제의 'cup'과 'map'의 경우와 같이 **첫 자음의 발음 차이**가 뚜렷하게 드러나는 단어의 경우, 직접 발음해보면 비교적 쉽게 답을 선택할 수 있습니다.

Q1

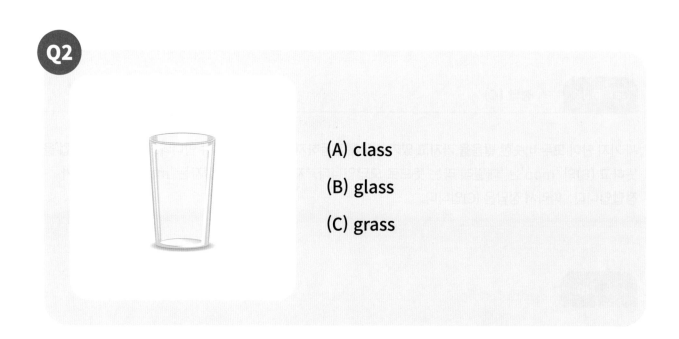

(A) dance

(B) bands

(C) does

Q2

(A) class

(B) glass

(C) grass

Q3

(A) ox

(B) fox

(C) box

Q4

(A) meat

(B) meet

(C) pet

Part B Look and Recognize

Part B 유형설명

유형	세부 내용	문항 수
그림에 알맞은 문장 찾기	1. 명사	각 유형이 골고루 출제됨
	2. 동사	
	3. 전치사	
	4. 시간/날짜	
	5. 부사/형용사	
총 5개 유형		총 5문항

DIRECTION

1 6번부터 10번까지는 그림을 보고, 그림이 묘사하고 있는 상황에 맞는 영어 문장을 고르는 문제입니다.

2 시험지에는 한 문제 당 각각 한 개의 그림과 3개의 보기가 주어집니다.

Part Ⓑ 는 이렇게 준비하자!

❶ 그림, 질문, 보기를 잘 비교하자.

우리 생활 가까이에서 볼 수 있는 사물/동물/인물 등의 이름과 상황, 그리고 시간/위치 등을 영어로 표현하는 방법을 아는 것이 도움이 됩니다. 주변에 있는 사물의 이름을 그냥 지나치지 말고 영어로 한 번씩 생각해본다거나 오늘이 몇 월, 며칠, 무슨 요일인지도 생각해보도록 합시다.

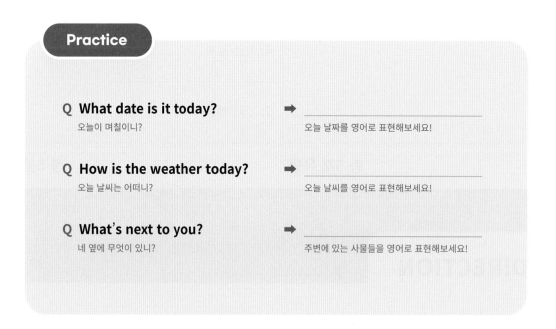

Practice

Q **What date is it today?**
오늘이 며칠이니?

➡ _____
오늘 날짜를 영어로 표현해보세요!

Q **How is the weather today?**
오늘 날씨는 어떠니?

➡ _____
오늘 날씨를 영어로 표현해보세요!

Q **What's next to you?**
네 옆에 무엇이 있니?

➡ _____
주변에 있는 사물들을 영어로 표현해보세요!

❷ 보기 속 핵심어를 유심히 살피자.

종종 헷갈리는 영어 단어가 세 개의 보기에서 나올 수 있으니 보기의 문장 속 핵심어를 유심히 살펴보아 실수가 없도록 주의해야 합니다.

VOCABULARY

n	**zebra**	얼룩말	n	**pen**	볼펜
n	**giraffe**	기린	n	**table**	책상
n	**elephant**	코끼리	n	**book**	책
n	**fruit**	과일	n	**pencil**	연필
n	**soup**	수프	v	**wear**	입다
n	**turtle**	거북이	n	**scarf**	목도리
n	**pizza**	피자	n	**hat**	모자
adj	**delicious**	맛있는	n	**food**	음식

유형 1
명사

그림을 보고 그림에 적절한 명사가 들어있는 문장을 찾는 유형입니다.

문장 안의 명사에 잘 집중해서 그림에서 나타내는 명사가 어떤 문장 안에 있는지 정확하게
고르는 것이 중요합니다.

학습 전략

✓ **그림을 보고 단어 연상 연습하기!**

그림을 보고 그것이 무엇을 가리키는지 알고 있다면 선택지 중 해당 단어가
포함된 문장을 고르면 정답일 확률이 높습니다.

✓ **주요 출제 주제 파악하기!**

이 부분에서 주로 출제되는 주제는 동물, 과일, 옷 등입니다. 이에 관련한
단어를 꼼꼼히 공부해 두면 당황하지 않고 문제를 해결할 수 있습니다.

유형 1 그림에 알맞은 단어 찾기

Q

(A) I see zebras.

(B) I see giraffes.

(C) I see elephants.

📖 **해석**

(A) 나는 얼룩말들이 보여.

(B) 나는 기린들이 보여.

(C) 나는 코끼리들이 보여.

💬 **풀이**　　　**정답 (A)**

그림은 얼룩말들을 나타내고 있습니다. 따라서 정답은 (A)입니다.

Aa **어휘**　　n **zebra** 얼룩말　　n **giraffe** 기린　　n **elephant** 코끼리

💡 **Tip**

그림 속의 대상이 하나가 아닌 여러 개일 경우, 단어 뒤에 **복수형을 나타내는** '-s'가 붙는다는 사실을 알아두세요.

Q

(A) Fruit is delicious.
(B) Soup is delicious.
(C) Pizza is delicious.

해석
(A) 과일은 맛있어.
(B) 스프는 맛있어.
(C) 피자는 맛있어.

풀이   정답 (A)

그림을 보면 다양한 과일을 나타내고 있습니다. 따라서 정답은 (A)입니다.

Aa 어휘   n **fruit** 과일   n **soup** 수프   adj **delicious** 맛있는

               n **pizza** 피자

Tip

과일과 관련된 단어들이 출제되는 경우가 많으니, 'fruit(과일)'뿐만 아닌, 'apple(사과)'와 같이 과일과 관련된 다양한 단어들을 미리 숙지하는 것도 도움이 됩니다.

Q

(A) There are pens on the table.

(B) There are books on the table.

(C) There are pencils on the table.

해석

(A) 책상 위에 볼펜들이 있어.

(B) 책상 위에 책들이 있어.

(C) 책상 위에 연필들이 있어.

풀이　　　정답 (B)

그림을 보면 책상 위에 책들이 놓여 있습니다. 따라서 정답은 (B)입니다.

Aa 어휘

n **pencil** 연필　　　n **table** 책상　　　n **book** 책

n **pen** 펜

Tip

위 문제와 같이 그림 속의 모습을 묘사하는 선택지의 경우, 단어의 의미를 정확히 아는 것이 중요합니다. 사물들의 단어를 미리 숙지합시다.

Tip 그림에 어떤 대상들이 있나요?

Q1

(A) There's a cat on the books.

(B) There's a pen on the books.

(C) There's a mug on the books.

토셀쌤의 문제 풀이 Tip!

위 문제처럼, 선택지를 보면 '책들 위에 있는 것'이 무엇인지 묻는 문제라는 것을 알 수 있듯이, **선택지를 먼저 확인**하면, 문제에서 묻는 것이 어떤 것인지 빨리 파악할 수 있습니다.

Tip 그림 속 소년은 **무엇을 착용**하고 있나요?

Q2

(A) He is wearing a hat.

(B) He is wearing gloves.

(C) He is wearing a scarf.

함께 알아두면 좋을 표현

＊ **wear**

'wear'라는 동사는 입다, 쓰다, 신다를 모두 표현할 수 있습니다.

ex My sister **wears** shoes.　내 여동생은 신발을 신는다.

유형 2
동사

그림을 보고 그림에 나오는 내용에 맞는 동사를 찾는 유형입니다.

그림 속에서 표현된 동사가 세 개의 보기에 숨어있으니 핵심 동사단어를 잘 보고 그림과 적합한지를 확인하면 정답을 잘 맞출 수 있습니다.

학습 전략

✅ **주요 동사 익히기!**

이 유형에서는 일상생활에 밀접한 주요 동사를 잘 익혀 두면 어렵지 않게 풀 수 있는 문제들이 출제됩니다.

✅ **그림을 보고 단어 연상 연습하기!**

그림을 보고 어떤 동작을 나타내는지 알 수 있다면 쉽게 풀 수 있습니다. 이때 보기 문장의 동사 뒤에 나오는 명사는 답을 고르는 데에 큰 영향을 미치지 않는 경우가 많습니다.

유형 2 그림에 알맞은 단어 찾기

Q

(A) She cooks food.

(B) She plays with food.

(C) She throws away food.

해석

(A) 그녀는 음식을 요리해.

(B) 그녀는 음식을 가지고 놀아.

(C) 그녀는 음식을 버려.

풀이   정답 (A)

그림 속 소녀는 요리를 하고 있습니다. 따라서 그림 속 상황과 가장 알맞은 정답은 (A)입니다.

Aa 어휘   v **cook** 요리하다   n **food** 음식

Tip

'**throw away**'는 '~를 버리다'라는 의미를 갖고 있는 구입니다. 문제를 푸는 데에 어려움이 없도록 이러한 구를 미리 공부하는 것이 좋습니다.

Q

(A) They are riding their bikes.

(B) They are pushing their bikes.

(C) They are painting their bikes.

🔍 해석

(A) 그들은 자전거를 타고 있어.

(B) 그들은 자전거를 밀고 있어.

(C) 그들은 자전거를 페인트 칠하고 있어.

💬 풀이   정답 (A)

그림 속 친구들은 신나게 자전거를 타고 있습니다. 따라서 그림과 가장 알맞는 정답은 (A)입니다.

Aa 어휘   v **paint** 페인트 칠하다   v **ride** 타다   n **bike** 자전거

v **push** 밀다

💡 Tip

위 문제의 'ride', 'push', 'paint' 뒤에 '-ing'가 붙은 것처럼 무언가를 하고 있는 중일 때, '~하고 있습니다' 라는 의미로 동사 뒤에 **'ing'**가 붙습니다.

Q

(A) They are holding their hands.

(B) They are shaking their hands.

(C) They are washing their hands.

 해석

(A) 그들은 손을 잡고 있어.

(B) 그들은 악수를 하고 있어.

(C) 그들은 손을 씻고 있어.

💬 풀이   정답 (C)

그림 속 아이들이 손을 씻고 있습니다. 따라서 그림과 가장 알맞는 정답은 (C)입니다.

Aa 어휘   v **hold** 잡다   phr **shake hands** 악수하다   v **wash** 씻다

n **hand** 손

 Tip

동사는 **인물의 동작과 행동**을 나타내는 단어이기 때문에, 그림에서 인물들이 무엇을 하고 있는지에 집중하는 것이
중요합니다.

Tip 그림 속 소년은 무엇을 하고 있나요?

Q1

(A) He is folding the paper.

(B) He is cutting the paper.

(C) He is reading the paper.

토셀쌤의 문제 풀이 Tip!

'동사' 유형의 경우, 그림 속 인물이나 동물의 움직임과 행동을 묻는 질문이 주로 나옵니다. 그러므로 **그림 속 인물이나 동물이 무엇을 하고 있는지**에 집중하며 살펴보아야 합니다.

Tip 그림 속에 인물들은 **무엇을** 하고 있나요?

Q2

(A) They are playing golf.

(B) They are playing soccer.

(C) They are playing basketball.

함께 알아두면 좋을 표현

∗ **play + 운동 종목**

위 문제의 선택지들처럼 '놀다'라는 의미를 갖는 'play' 뒤에 운동 종목 이름이 붙는 경우, '~(운동 종목)을 하다'라는 의미로 쓰입니다.

ex   We **play** badminton.   우리는 배드민턴을 한다.

유형 3

그림의 사물, 동물, 인물의 위치를 나타내는 전치사를 찾는 유형입니다.

그림을 보고 가리키는 사물이나 동물이 어디에 있는지 잘 살펴봐야 합니다. 장소를 나타내는 전치사를 알면 쉽게 문제를 풀 수 있습니다.

학습 🔆 전략

✅ **위치를 나타내는 전치사 익히기!**

위치를 나타내는 전치사를 익혀두어야 그림 속 대상들의 위치를 설명할 수 있기 때문에 위치 전치사를 미리 공부하는 것이 중요합니다.

✅ **사물, 동물 관련 단어 익히기!**

위치를 나타내기 위해서 두 개 이상의 사물/동물/인물이 등장할 것입니다. 이때 각 사물의 단어를 알아야 사물 간의 위치 관계를 설명할 수 있습니다.

유형 3 그림에 알맞은 단어 찾기

Q

(A) The cat is on the box.

(B) The cat is inside the box.

(C) The cat is behind the box.

해석

(A) 고양이는 상자 위에 있어.

(B) 고양이는 상자 안에 있어.

(C) 고양이는 상자 뒤에 있어.

풀이　　　정답 (C)

그림 속의 고양이는 상자 뒤에 있습니다. 보기의 세 문장을 잘 보고 각 전치사를 이해한 후 '상자 뒤'라고 표현되어 있는 문장을 골라야 합니다. 따라서 정답은 (C)입니다.

Aa **어휘**　　　prep **on** ~(위)에　　　prep **inside** ~안에　　　prep **behind** ~뒤에

Tip

선택지에 주어진 세 문장을 먼저 본 다음, 그림을 보면서 가장 적절한 문장을 고르는 것이 정확한 답을 고르는 방법이 될 수도 있습니다.

Q

(A) The worm is on the apple.

(B) The worm is below the apple.

(C) The worm is next to the apple.

해석

(A) 지렁이는 사과 위에 있어.

(B) 지렁이는 사과 밑에 있어.

(C) 지렁이는 사과 옆에 있어.

풀이   정답 (A)

그림 속의 지렁이가 사과 위에 있는 것을 볼 수 있습니다. 보기의 세 문장을 잘 보고 각 전치사를 이해한 후 '사과 위'라고 표현되어 있는 문장을 골라야 합니다. 따라서 정답은 (A)입니다.

Aa 어휘   n **worm** 지렁이   prep **on** ~(위)에

Tip

위치를 나타내는 전치사는 어떤 사람(사물)을 어떤 것에 대해서 위치를 설명하는지 파악하면 올바르게 쓸 수 있습니다. 사과가 주체라면 사과가 지렁이 아래에 (under) 있게 될 것이고, 지렁이가 주체라면 사과 위에 (on) 있게 될 것입니다.

Q

(A) The cat is on the bench.

(B) The cat is under the bench.

(C) The cat is next to the bench.

해석

(A) 고양이는 벤치 위에 있어.

(B) 고양이는 벤치 아래에 있어.

(C) 고양이는 벤치 옆에 있어.

풀이   정답 (A)

그림 속의 고양이가 벤치위에 앉아있는 것을 볼 수 있습니다. 보기의 세 문장을 잘 보고 각 전치사를 이해한 후 벤치 위라고 표현되어 있는 문장을 골라야 합니다. 따라서 정답은 (A)입니다.

Aa 어휘

| prep **next to** | ~옆에 | prep **on** | ~(위)에 | n **bench** | 벤치 |
| prep **under** | ~아래에 | n **cat** | 고양이 | | |

Tip

그림에 여러 대상이 나와 있으므로 그 중 어떤 것을 설명하는지 주의 깊게 읽어야 합니다. 위의 문제에서 나무, 고양이, 벤치, 사람이 나와 있는데, 보기 문장을 보면 고양이를 주체로 하고 있음을 알 수 있습니다.

Tip 두 사물의 위치를 파악해 보세요!

Q1

(A) There's a ball on the box.

(B) There's a ball under the box.

(C) There's a ball next to the box.

토셀쌤의 문제 풀이 Tip!

주어진 선택지를 보면서 그림 속 두 사물 간의 위치 관계가 올바르게 표현됐는지 확인해 보세요. 처음부터 바로 두 사물의 위치를 파악하지 못하더라도 선택지와 그림을 비교하면 쉽게 답을 찾을 수 있습니다.

Tip 나무 옆에 있는 대상이 무엇일지 파악해 보세요!

Q2

(A) There's a girl next to the tree.

(B) There's a ball next to the tree.

(C) There's a dog next to the tree.

함께 알아두면 좋을 표현

＊ **There + be 동사**

'There + be 동사 ~'는 '~이 있다'라는 의미로, 어떤 것의 존재를 나타낼 때 사용하는 표현입니다.
'There + be 동사 ~' 뒤에는 항상 주어인 명사가 옵니다.

ex **There are** many cookies.　쿠키가 많이 있어.

유형 4

그림을 보고 시간과 날짜가 정확하게 쓰여진 문장을 고르는 유형입니다.

시계 그림을 보고 시간을 파악하고 영어로 표현하는 능력뿐만 아니라, 달력 그림을 보고 날짜, 요일 등을 영어로 표현할 수 있는 능력이 중요합니다.

학습 전략

✅ **시간을 파악하는 능력 기르기!**

시계 그림이 출제되는 경우, 숫자 없이 시침과 분침으로만 시간이 표현되기 때문에, 시침과 분침을 보고 시간을 파악할 줄 알아야 합니다.

✅ **날짜와 관련된 영어 단어 숙지하기!**

날짜와 관련된 영어 단어는 월별/일별로 다양하기 때문에 미리 숙지하지 않으면, 문제 푸는 데에 어려움이 있을 수 있습니다.

Q

(A) We eat dinner at 7 PM.

(B) We eat dinner at 8 PM.

(C) We eat dinner at 10 PM.

📖 **해석**

(A) 우리는 저녁을 7시에 먹어.

(B) 우리는 저녁을 8시에 먹어.

(C) 우리는 저녁을 10시에 먹어.

💬 **풀이**　　정답 (A)

그림 속 시계는 7시를 가리키고 있습니다. 따라서 정답은 7시를 가리키는 (A)입니다.

Aa **어휘**　　ᵛ **eat** 먹다　　ⁿ **dinner** 저녁 식사

💡 **Tip**

위 문제의 'We eat dinner at ~ PM.'에서 시간 뒤에 붙는 'PM'은 '오후'를 나타냅니다. 반대로, 오전은 시간 뒤에 'AM'을 붙여 나타냅니다.

⬜△ Step 2. Pattern Practice

Q

(A) We will go on Tuesday.

(B) We will go on Thursday.

(C) We will go on Saturday.

🔍 해석

(A) 우리는 화요일에 갈 거야.

(B) 우리는 목요일에 갈 거야.

(C) 우리는 토요일에 갈 거야.

💬 풀이   정답 (B)

그림 속 달력에는 목요일이 표시되어 있습니다. 따라서 정답은 목요일을 가리키는 (B)입니다.

Aa 어휘

n	**Thursday**	목요일	n	**Saturday**	토요일
n	**Tuesday**	화요일			

💡 Tip

요일 관련 문제는 Reading뿐만 아니라, Listening에도 자주 출제되기 때문에 요일에 대한 영어 단어들을 미리 숙지하는 것이 문제 푸는 데에 도움이 됩니다.

Q

(A) My birthday is this Monday.

(B) My birthday is this Tuesday.

(C) My birthday is this Wednesday.

해석

(A) 내 생일은 이번주 월요일이야.
(B) 내 생일은 이번주 화요일이야.
(C) 내 생일은 이번주 수요일이야.

풀이 　정답 (C)

그림 속 달력에는 수요일이 표시되어 있습니다. 따라서 정답은 수요일을 가리키는 (C)입니다.

Aa 어휘

| n | **Monday** | 월요일 | n | **Wednesday** | 수요일 |
| n | **Tuesday** | 화요일 | | | |

Tip

위 문제와 같이 요일 앞에 'this(이, 이것)'이 붙는 경우의 **'this'**는 '이번 주'로 해석하는 것이 자연스럽습니다.

Step 3. Practice Test

Tip 그림 속 달력이 **몇** 월인지 확인해 보세요!

Q1

JAN

S	M	T	W	T	F	S
					①	2
3	4	5	6	7	8	9
10	11	12	13	14	15	16
17	18	19	20	21	22	23
24	25	26	27	28	29	30
31						

(A) It's January 1st.

(B) It's June 1st.

(C) It's July 1st.

 **토셀쌤의 문제 풀이 Tip!**

날짜를 묻는 문제 유형의 경우, **월과 요일을 영어로 표현할 수 있는지** 묻는 문제가 주로 출제 됩니다. 그러므로 요일은 물론, 1월부터 12월까지의 영어 표현을 숙지하는 것이 가장 중요합니다.

Tip 그림 속 달력이 **며칠**을 나타내고 있나요?

Q2

JUL 4

(A) The party is on July 4th.

(B) The party is on June 4th.

(C) The party is on January 4th.

함께 알아두면 좋을 표현

* 날짜와 함께 쓰이는 전치사 'on'

날짜를 영어로 표현할 때 날짜 앞에 전치사 'on'을 붙인다는 것을 알아둡시다.

ex She goes to the hospital **on Monday**.   그녀는 월요일에 병원을 간다.
    His birthday is **on November 26th**.   그의 생일은 11월 26일입니다.

유형 5
부사 / 형용사

그림을 보고 그림에 나오는 내용에 맞는 부사나 형용사를 찾는 유형입니다.

그림 속에서 표현된 부사나 형용사가 선택지에 숨어있으니 핵심 단어를 잘 보고 그림과 적합한지를 확인하면 정답을 잘 맞출 수 있습니다.

학습 전략

✓ **그림 속 인물의 상태 파악하기!**

형용사를 묻는 유형의 경우, 그림 속 인물/동물이 어떤 상태인지 그림을 보고 파악할 줄 알아야 합니다.

✓ **선택지의 형용사 단어들 공부하기!**

정답 선택지뿐만 아니라, 오답 선택지의 형용사 단어들도 자주 쓰이는 단어들이니, 같이 정리해서 공부하도록 합시다.

유형 5 그림에 알맞은 단어 찾기

Q

(A) He is old.

(B) He is dry.

(C) He is wet.

📑 해석

(A) 그는 나이가 많아.

(B) 그는 건조해.

(C) 그는 젖었어.

💬 풀이   정답 (C)

그림 속 소년은 비를 맞아서 몸이 젖어 있습니다. 따라서 정답은 이 모습을 가장 잘 표현한 (C)입니다.

Aa 어휘   adj **old** 나이가 든   adj **dry** 건조한   adj **wet** 젖은

💡 Tip

위 문제 선택지의 'dry(건조한)', 'wet(젖은)'와 같이 **서로 반대되는 뜻**의 단어가 선택지에 나오는 경우가 있으니, 같이 정리해두면 단어를 암기하는 데에 도움이 됩니다.

Q

(A) The girl is sad.

(B) The girl is tired.

(C) The girl is happy.

📖 해석

(A) 소녀는 슬퍼.

(B) 소녀는 피곤해.

(C) 소녀는 행복해.

💬 풀이　　정답 (C)

그림 속 소녀는 웃고 있습니다. 따라서 정답은 (C)입니다.

Aa 어휘　　n **girl** 소녀　adj **tired** 피곤한　adj **happy** 행복한

　　　　adj **sad** 슬픈

💡 Tip

동사를 묻는 유형에서 그림 속 인물의 동작과 행동에 집중해서 문제를 풀어야 했다면, 형용사를 묻는 유형에서는 **인물의 표정과 상태**에 집중해 문제를 풀어야 합니다.

Q

(A) The left basket is full.

(B) The left basket is sharp.

(C) The left basket is green.

해석

(A) 왼쪽 바구니는 꽉 찼어.

(B) 왼쪽 바구니는 뾰족해.

(C) 왼쪽 바구니는 초록색이야.

풀이   정답 (A)

그림 속 왼쪽 바구니는 꽉 차 있고 오른쪽 바구니는 비어있습니다. 따라서 정답은 (A)입니다.

Aa 어휘   n **basket** 바구니   adj **sharp** 뾰족한   adj **full** (~이) 가득한

Tip

위 문제처럼 그림 속 두 개의 사물 중 한 쪽 사물에 대해서만 묘사를 하는 선택지가 나올 경우가 있으니, 선택지에서 어느 쪽을 묘사하고 있는지 파악하는 것이 중요하다.

Tip 그림을 보고 어떤 걸 나타내는지 파악해 보세요!

Q1

(A) Let's be safe.

(B) Let's be loud.

(C) Let's be quiet.

토셀쌤의 문제 풀이 Tip!

부사/형용사 유형의 경우, **주로 상황이나 인물/사물의 상태**를 묻는 문제가 출제되기 때문에 그림 속 인물의 표정이나 행동을 통해 인물의 상황이나 상태를 추측할 수 있는 능력이 필요합니다.

Tip 그림 속 두 대상을 비교해 보세요!

Q2

(A) The right cup is blue.

(B) The right cup is small.

(C) The right cup is empty.

함께 알아두면 좋을 표현

* Let's + 동사

'우리 ~하자'하고 제안하는 표현입니다. 동사 자리에는 동사원형이 와야 합니다.

ex 'Let's **be** quiet.' (O)   'Let's is quiet.' (X)   우리 조용히 하자.

Part Ⓒ Look and Respond

Part C 유형설명

유형	세부 내용	문항 수
그림과 질문을 보고 답하기	1. 명사	각 유형이 골고루 출제됨
	2. 동사	
	3. 전치사	
	4. 시간/날짜	
	5. 부사/형용사	
총 5개 유형		총 5문항

DIRECTION

① 11~15번까지는 그림을 보고, 주어진 질문에 답하는 문제입니다.

② 시험지에는 한 문제 당 각각 1개의 그림, 질문, 그리고 세 개의 보기가 주어집니다.

Part C 는 이렇게 준비하자!

❶ 그림, 질문, 보기를 잘 비교하자.

Part C에서는 그림과 질문 그리고 보기 3개가 나와서 이 세 가지를 종합적으로 보고 답을 골라야 합니다. 먼저 그림을 보고, 질문이 무엇을 물어보는지를 확실히 이해 한 후 알맞은 답을 골라야 합니다.

가끔 질문에서 왼쪽에 있는 사람에 관한 것을 물어보는지 아니면 오른쪽에 있는 사람에 관한 것을 물어보는지를 잘 봐야 하는 경우가 있습니다. 이런 경우 혼동할 수 있으니 주의하도록 합시다.

Example

Q What is the bird doing?

새는 무얼 하고 있어?

(A) The bird is purple.
(B) The bird is singing.
(C) The bird is drawing.

(A) 새는 보라색이야.
(B) 새는 노래하고 있어.
(C) 새는 그림 그리고 있어.

VOCABULARY

n	**children**	아이들	n	**star**	별
v	**play**	놀다	v	**look at**	~을 보다
adj	**tired**	피곤한	n	**tiger**	호랑이
n	**playground**	놀이터	n	**money**	돈
n	**color**	색	n	**monkey**	원숭이
n	**trophy**	트로피	v	**feel**	느끼다
adj	**far**	(거리적으로) 먼	adj	**happy**	행복한
adj	**yellow**	노란, 노란색의	n	**paper**	종이

유형 1

그림을 보고 질문에 가장 적절한 명사를 고르는 유형입니다.

출제되는 명사의 종류는 다양해서 평상시에 사물, 인물, 동물, 장소 등의 단어와 표현들에 관심을 두고 배우는것이 중요합니다.

학습 전략

✓ **질문 먼저 확인해보기!**
질문에서 무엇을 묻는지 먼저 확인하고 그에 대한 답을 그림에서 찾는 것이 문제를 푸는 효율적인 방법입니다.

✓ **명사 단어 꼼꼼히 공부해두기!**
평상시 명사 단어를 공부해 둔다면 선택지에서 명사가 아닌 다른 품사를 구별해 쉽게 답을 고를 수 있습니다.

Q

Q Where are the children?

(A) They are playing.

(B) They are very tired.

(C) They are at the playground.

🔍 **해석**   Text & Question

질문: 아이들은 어디에 있어?

(A) 그들은 놀고 있어.

(B) 그들은 매우 피곤해.

(C) 그들은 놀이터에 있어.

💬 **풀이**   정답 (C)

질문은 아이들이 있는 장소가 어디인지 묻고 있고, 그림 속의 아이들은 놀이터에서 놀고 있습니다. 따라서 정답은 (C)입니다.

Aa 어휘   **n** **children** 아이들   **n** **playground** 놀이터   **v** **play** 놀다

adj **tired** 피곤한

💡 **Tip**

‘어디에’를 의미하는 ‘where’ 의문사로 질문이 시작하는 것을 보아, 그림 속의 장소를 물어볼 것을 예상할 수 있습니다.

Q

Q What color is the trophy?

(A) It is far.

(B) It is yellow.

(C) It has a star.

📖🔍 **해석**   Text & Question

💬 **풀이**   정답 (B)

질문: 트로피는 무슨 색깔이야?

(A) 거리가 멀어.

(B) 노란색이야.

(C) 별 모양이 있어.

질문은 트로피의 색깔을 묻고 있고, 그림 속 트로피는 노란색입니다. (C)는 사실이기는 하나 질문에 맞는 대답이 아니므로 오답입니다. 따라서 정답은 (B) 입니다.

Aa **어휘**   ⓝ **color** 색   ⓝ **trophy** 트로피   adj **far** (거리적으로) 먼

adj **yellow** 노란, 노란색의

💡 **Tip**

위 문제와 같이 **다른 선택지의 내용이 그림 속 특징과 일치하는 경우**가 있습니다. 그럴 경우, 질문이 무엇을 묻는지 정확히 파악해야 정답을 고를 수 있습니다.

Q

Q What are they looking at?

(A) They are looking at a tiger.

(B) They are looking for money.

(C) They are looking at a monkey.

📖 **해석**　　**Text & Question**

💬 **풀이**　　정답 **(C)**

질문: 그들은 무엇을 보고 있어?

(A) 그들은 호랑이를 보고 있어.

(B) 그들은 돈을 찾고 있어.

(C) 그들은 원숭이를 보고 있어.

질문은 그들이 무엇을 보고 있는지 묻고 있고, 그림 속 사람들은 원숭이를 보고 있습니다. 따라서 정답은 (C)입니다.

Aa **어휘**　ⓥ **look at** 보다　ⓝ **tiger** 호랑이　ⓝ **monkey** 원숭이

ⓝ **money** 돈

💡 **Tip**

동물과 관련된 단어들을 미리 숙지하고 있어야, 위 문제와 같은 질문에 대한 정확한 대답을 선택할 수 있습니다.

Tip 그림 속 소녀의 행동에 집중해 보세요!

Q1

Q What is she doing?

(A) She is feeling happy.

(B) She is cutting the paper.

(C) She is looking in the mirror.

토셀쌤의 문제 풀이 Tip!

문장에 나오는 동사와 명사 중 하나만 정확히 알아도 문제를 푸는 데에 큰 도움이 될 수 있습니다. 예를 들어 'look(보다)'와 'mirror (거울)' 중 하나만 알아도 올바른 답을 찾을 수 있습니다. **그림이 설명하는 것을 정확히 파악**하도록 합시다.

Q2

Q What is she holding?

(A) She is holding a pot.

(B) She is holding a vase.

(C) She is cooking dinner.

헷갈리기 쉬운 표현 Tip!

＊ look vs cook

'look'과 'cook'은 비슷하게 생겼지만 서로 다른 뜻입니다. 'look'은 '보다', 'cook'은 '요리하다'라는 뜻입니다. 서로 다른 철자를 잘 기억해 둡시다.

유형 2
동사

그림을 보고 질문에 가장 적절한 동사를 고르는 유형입니다.

질문을 정확히 이해하고 그림에서 나타내는 동사가 어떤 문장 안에 있는지 정확하게 고르는 것이 중요합니다.

학습 전략

☑️ **인물의 행동에 집중하기!**

동사를 묻는 유형의 경우, 그림 속 인물/동물이 무엇을 하고 있는지 주로 묻기 때문에, 그림 속 인물/동물의 행동을 파악하는 것이 중요합니다.

☑️ **핵심 단어를 잘 살피기!**

선택지의 핵심 단어들을 살펴보면서 그림과 적합한 내용인지 확인하면 정답을 고르는 데에 도움이 됩니다.

✏️ Step 1. Example

Q

Q What does the rabbit do?

(A) It drinks water.

(B) It has pink hair.

(C) It waters the plants.

📖 **해석** Text & Question

질문: 토끼는 뭐 하고 있어 ?

(A) 토끼는 물을 마시고 있어.

(B) 토끼는 분홍색 털을 가지고 있어.

(C) 토끼는 식물에 물을 주고 있어.

💬 **풀이** 정답 (C)

질문에서 토끼는 무엇을 하냐고 묻고 있고, 그림 속 토끼는 식물에 물을 주고 있습니다. 따라서 정답은 (C)입니다.

Aa **어휘**　　n **rabbit** 토끼　　v **drink** 마시다　　n **plant** 식물

　　　　　　　n **water** 물

💡 **Tip**

위 문제의 선택지와 같이 '물'을 의미하는 '**water**'가 동사로 쓰일 경우, '~에 물을 주다'라는 의미를 가지기도 합니다.

Q

Q **What are they doing?**

(A) They can eat a lot.

(B) They do not have a ball.

(C) They are playing soccer.

🔍 **해석**   Text & Question

💬 **풀이**   정답 (C)

질문: 그들은 무엇을 하고 있어?

(A) 그들은 많이 먹을 수 있어.

(B) 그들은 공이 없어.

(C) 그들은 축구를 하고 있어.

질문에서 그들이 무엇을 하고 있는지 묻고 있고, 그림 속 아이들은 축구를 하고 있습니다. 따라서 정답은 (C)입니다.

Aa **어휘**   v **eat** 먹다   adv **a lot** 많이   n **ball** 공   n **soccer** 축구

💡 **Tip**

두 명 이상의 인물들이 무엇을 하는지 묻는 문제의 경우, 축구와 같이 운동 활동이 출제되는 경우가 많으니 **운동 관련 단어**들도 미리 공부하는 것이 중요합니다.

Q

Q What is she doing?

(A) She is eating.

(B) She is sleeping.

(C) She is dancing.

📖 **해석** **Text & Question**

질문: 그녀는 무엇을 하고 있어?

(A) 그녀는 먹고 있어.

(B) 그녀는 자고 있어.

(C) 그녀는 춤을 추고 있어.

💬 **풀이** **정답 (B)**

질문에서 소녀가 무엇을 하고 있는지 묻고 있고, 그림 속의 소녀는 자고 있습니다. 따라서 정답은 (B)입니다.

Aa **어휘**   ᵛ **sleep** 자다   ᵛ **dance** 춤을 추다

💡 **Tip**

정답 선택지의 단어뿐만 아니라, 오답 선택지의 단어들도 자주 쓰이는 단어이기 때문에 오답 선택지의 단어들도 함께 익히면 단어 공부에 도움이 됩니다.

Tip 그림 속 인물들이 **야외**에 있습니다는 점을 고려해 보세요!

Q1

Q What are they doing?

(A) They are good friends.

(B) They are reading books.

(C) They are having a picnic.

토셀쌤의 문제 풀이 Tip!

Part C에서는 그림의 내용에 적합하지만 질문의 답은 되지 못하는 보기가 있기도 합니다. 그림만 보고 답을 선택하기보다 **질문의 내용을 잘 이해**하고 풀어 봅시다.

Tip 그림 속의 소년의 행동에 집중해 보세요!

Q2

Q What is he doing?

(A) He is playing tennis.

(B) He is eating ice cream.

(C) He is walking to school.

함께 알아두면 좋을 표현

* **eat와 have**

'아이스크림을 먹다'라고 할 때는 동사 'eat'을 사용하는데, '아침식사, 점심식사, 저녁식사를 하다' 라고 할 때는 'eat'뿐만 아니라 'have'라고 표현하기도 합니다. '저녁을 먹다'라는 말을 'have dinner'이라고 할 수 있습니다.

유형 3

그림을 보고 질문에서 물어보는 위치를 고르는 유형입니다.

질문을 정확히 이해하고 그림에서 사물 혹은 인물의 위치를 잘 파악한 후 알맞은 답을 골라야 합니다.

학습 전략

✅ **그림 속 대상 정확히 파악하기!**

가끔 그림 속에 각각 위치가 다른 곳에 있는 두 사람이나 사물이 나올 수 있으니 그 둘 중 어떤 것의 위치를 물어보는지를 정확히 이해해야 합니다.

✅ **전치사 단어 미리 공부하기!**

그림 속 인물과 사물의 위치를 정확히 묘사하기 위해서는 다양한 전치사 단어들을 미리 공부해두는 것이 문제 푸는 데에 도움이 됩니다.

Q

Q Where is the girl reading?

(A) She has a red bag.

(B) She likes the color green.

(C) She is reading between the bags.

📖 **해석**　　　**Text & Question**

질문: 소녀는 어디에서 책을 읽고 있어?

(A) 그녀는 빨간색 가방을 가지고 있어.

(B) 그녀는 초록색을 좋아해.

(C) 그녀는 가방들 사이에서 책을 읽고 있어.

💬 **풀이**　　　**정답 (C)**

질문에서 소녀가 책을 읽고 있는 장소를 묻고 있고 그림 속 소녀는 가방들 사이에서 책을 읽고 있습니다. 'Between'이라는 전치사를 알면 쉽게 풀 수 있습니다. 따라서 정답은 (C)입니다.

Aa **어휘**

n	**color**	색깔
v	**like**	좋아하다
prep	**between**	사이에
n	**bag**	가방
v	**read**	읽다

💡 **Tip**

위치 전치사를 미리 공부해야 그림 속 인물의 위치를 정확히 묘사할 수 있습니다.

Q

Q Where is the strawberry?

(A) It is not here.

(B) It is in the bowl.

(C) It is a purple bowl.

🔍 해석   Text & Question

질문: 딸기는 어디에 있어?

(A) 여기에 없어.

(B) 그릇 안에 있어.

(C) 보라색 그릇이야.

💬 풀이   정답 (B)

질문에서 딸기가 있는 장소를 묻고 있고 그림 속 딸기는 그릇 안에 있습니다. (A), (C)는 묻는 질문에 부적절하므로 오답입니다. 따라서 정답은 (B)입니다.

Aa 어휘   n **strawberry** 딸기   adv **here** 여기에   n **bowl** 그릇, 통

💡 Tip

그림 속에 사물이 여러 개 나온 경우, **질문에서 무엇의 위치를 물어보는지** 파악해야 합니다.

Q

Q Where is the dog?

(A) It is on the ball.

(B) It is under the ball.

(C) It is next to the ball.

📖 **해석**　　**Text & Question**

질문: 강아지는 어디에 있어?

(A) 공 위에 있어.

(B) 공 아래에 있어.

(C) 공 옆에 있어.

💬 **풀이**　　**정답 (C)**

질문에서 강아지가 어디에 있는지 강아지의 위치를 묻고 있고 그림 속 강아지는 공 옆에 있습니다. 따라서 정답은 (C)입니다.

Aa **어휘**

| n | **dog** | 강아지 | prep | **under** | ~아래에 | prep | **on** | ~위에 |
| n | **ball** | 공 | prep | **next to** | ~옆에 | | | |

💡 **Tip**

선택지들에 제시된 모든 전치사 단어들을 정리해 공부하는 것이 학습에 도움이 됩니다.

Tip 그림 속 인물들 중 어떤 인물의 위치를 물어보고 있나요?

Q1

Q Where is the boy?

(A) He is a good student.

(B) He is behind the slide.

(C) He is in front of the slide.

토셀쌤의 문제 풀이 Tip!

그림 속에 두 명 이상의 인물들이 등장하는 경우, **질문에서 어떤 인물의 위치를 물어보고 있는지** 파악해야 실수하지 않고 정확한 답을 고를 수 있습니다.

Tip 그림 속 **어떤 사물의 위치**를 물어보고 있나요?

Q2

Q Where is the clock?

(A) It is red.

(B) It is on the wall.

(C) It is next to the table.

헷갈리기 쉬운 표현 Tip!

* on the wall

'시계가 벽에 걸려 있습니다'와 같은 상황도 영어에서는 '시계가 벽 위에(on)'이라고 표현합니다.
이처럼 우리말과는 다르게 표현하는 위치 표현이 많이 있습니다.

유형 4

시간 / 날짜

그림을 보고 질문에서 물어보는 시간 또는 날짜를 고르는 유형입니다.

그림 속의 시계와 달력을 보고 시간, 날짜, 요일 등을 영어로 어떻게 표현하는지를 알면 쉽게 문제를 풀 수 있습니다.

학습 💡 전략

✓ **날짜 관련 영어 표현 익히기!**

날짜를 나타내는 년도, 월, 일, 요일을 영어로 표현하기 위해서는 관련 영어 단어를 미리 공부해두는 것이 중요합니다.

✓ **시계를 보고 시간 파악하기!**

시간을 물어보는 문제의 경우, 숫자 없는 시계 그림을 제시하는 경우가 있기 때문에 시계를 보고 시간을 파악하는 것에 익숙해야 합니다.

Q

Q What time is it?

(A) It is 8 o'clock.

(B) It is 9 o'clock.

(C) It is very loud.

📖 **해석**   **Text & Question**

질문: 몇 시야?

(A) 8시야.

(B) 9시야.

(C) 소리가 아주 커.

💬 **풀이**   정답 (B)

질문에서 시간을 묻고 있고 그림 속 시계는 9시를 가리키고 있습니다. (C)는 시간을 묻는 질문에는 적합하지 않은 답입니다. 따라서 9 o'clock으로 표현한 (B)가 정답입니다.

 어휘   adv **o'clock**   ~시(정확한 시간을 나타냄)   adj **loud**   소리가 큰

 Tip

그림 속 시계를 보고 **몇 시를 나타내는지** 정확히 파악할 수 있도록 합시다.

Q

JANUARY 2018

SUN	MON	TUE	WED	THU	FRI	SAT
	1	2	3	4	5	6
7	8	9	10	11	12	13
14	15	16	17	18	19	20
21	22	23	(24)	25	26	27
28	29	30	31			

Q **When are they coming home?**

(A) They are coming on Monday.

(B) They are coming on Wednesday.

(C) They are coming on Sunday.

해석 Text & Question

질문: 그들은 언제 집에 와?

(A) 그들은 월요일에 집에 올거야.

(B) 그들은 수요일에 집에 올거야.

(C) 그들은 일요일에 집에 올거야.

풀이 정답 (B)

질문에서 그들이 언제 오냐고 묻고 있고 달력을 보면 수요일에 표시가 되어 있습니다. 영어로 요일을 어떻게 표현하는지를 알면 쉽게 풀 수 있습니다. 따라서 정답은 (B)입니다.

Aa 어휘

| n | **Monday** | 월요일 | n | **Wednesday** | 수요일 | n | **home** | 집 |
| n | **Sunday** | 일요일 | v | **come** | 오다 |

Tip

요일 관련 문제는 자주 출제되니, **요일에 대한 영어 표현**을 미리 공부하는 것이 중요합니다.

Q

Q **What time is the test?**

(A) It's at 7 o'clock.

(B) It's at 8 o'clock.

(C) It's a hard test.

🔍 **해석**   **Text & Question**

💬 **풀이**   정답 (A)

질문: 몇 시에 시험이야?

(A) 7시에.

(B) 8시에.

(C) 어려운 시험이야.

질문에서 시험이 몇 시인지 묻고 있고 시계를 보면 7시로 표시 되어 있습니다. 시간 표현을 알면 쉽게 풀 수 있습니다. 따라서 정답은 (A)입니다.

Aa **어휘**   n   **time**   시간   n   **test**   시험   adj   **hard**   어려운

💡 **Tip**

위 문제처럼 시간을 나타낼 때는 'It'가 함께 쓰인다는 걸 알아둡시다.

Tip 그림 속 달력은 몇 월 며칠인가요?

Q1

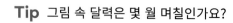

JUNE

17

Q **When is the party?**

(A) It's on June sixteenth.

(B) It's on June seventeenth.

(C) It's at the restaurant.

토셀쌤의 문제 풀이 Tip!

1월부터 12월까지 **월을 나타내는 영어 표현**은 문제로 자주 출제되고, 헷갈리기 쉽기 때문에 미리 공부하여 익혀두어야 수월하게 문제를 풀 수 있습니다.

Tip 무슨 요일에 동그라미가 쳐져 있나요?

Q2

Q When is the concert?

(A) It is on Monday.

(B) It is on Thursday.

(C) It is a boring concert.

헷갈리기 쉬운 표현 Tip!

✳ **날짜를 표현하는 방법**

날짜와 시간을 표현할 땐 'It is + 날짜/시간' 형식으로 쓰입니다. 이때의 It은 '그것'이라는 의미를 갖지 않으므로 해석할 때 주의해야 합니다.

유형 5

그림을 보고 알맞게 쓰여진 부사/형용사가 들어간 문장을 고르는 유형입니다.

그림 속 상황을 잘 보고 질문에 가장 적절한 문장을 택해야합니다. 색깔, 크기 등을 표현하는
부사와 형용사 표현들을 알아두면 문제를 푸는데 도움이 됩니다.

학습 🔆 전략

✅ **그림 속 대상의 상태 파악하기!**

부사와 형용사는 인물/사물의 색깔 및 크기 등 상태를 나타내기 때문에
해당 유형에서는 그림 속 대상의 상태를 파악하는 것이 중요합니다.

✅ **대상 간의 차이 비교하기!**

상태 묘사를 위해 비교 대상과 함께 그림으로 제시되는 경우가 있습니다.
어떤 대상의 상태를 묻는지 정확히 파악해야 실수를 줄일 수 있습니다.

Q

Q What is the left boy carrying?

(A) A big apple.

(B) A small apple.

(C) A green apple.

📖 **해석** **Text & Question**

💬 **풀이** **정답 (B)**

질문: 왼쪽 소년은 무엇을 들고 있어?

(A) 큰 사과.

(B) 작은 사과.

(C) 초록색 사과.

질문에서 왼쪽 소년이 들고 있는 것이 무엇인지 묻고 있고 그림에서 왼쪽 소년은 작은 사과를 들고 있습니다. 'left(왼쪽)'라는 단어를 이해하면 쉽게 답을 고를 수 있습니다. 따라서 정답은 (B)입니다.

(Aa 어휘) adj **left** 왼쪽의   v **carry** 들고 있다, 나르다

💡 **Tip**

질문을 잘 읽고 그림의 두 사람 중 누구를 가리키는지 정확히 파악합니다.

Q

Q Where is the right house?

(A) It is far.

(B) It is near.

(C) It has grass.

📑 해석	Text & Question

질문: 오른쪽 집은 어디에 있어?

(A) 멀리 있어.

(B) 가까이 있어.

(C) 잔디가 있어.

💬 풀이	정답 (A)

질문에서 오른쪽 집이 어느 위치에 있냐고 묻고 있고 그림을 보면 멀리 있다는 것을 알 수 있습니다. 따라서 정답은 (A)입니다.

Aa 어휘

adj **near** 가까운   adj **right** 오른쪽의   n **grass** 잔디

adv **far** 멀리

💡 Tip

사물 두 개가 나란히 나온 경우, 질문에서 가리키는 것이 **왼쪽인지 오른쪽인지** 정확히 파악해야 합니다.

Q

Q **What color is the girl's dress?**

(A) It is blue.

(B) It is pink.

(C) It is a skirt.

📖 **해석**   **Text & Question**

질문: 소녀의 원피스는 무슨 색이야?

(A) 파란색이야.

(B) 분홍색이야.

(C) 치마야.

💬 **풀이**   **정답 (A)**

질문에서 소녀의 원피스 색깔이 무엇인지 묻고 있고 그림을 보면 소녀의 원피스 색깔은 파랑색이라는 것을 알 수 있습니다. 따라서 정답은 (A)입니다.

Aa **어휘**

| n | **color** | 색깔 | adj | **blue** | 파란색의 | n | **dress** | 원피스 |
| n | **skirt** | 치마 | adj | **pink** | 분홍색의 | n | **girl** | 소녀 |

💡 **Tip**

티셔츠, 신발 등 다양한 색상의 의류를 착용한 경우, **어떤 것의 색상을 묻는지**를 파악하는 게 중요합니다.

Tip 질문에서 어떤 새에 대해 묻고 있나요?

Q1

Q **What is the green bird doing?**

(A) It is flying fast.

(B) It is blue in color.

(C) It is flying slowly.

토셀쌤의 문제 풀이 Tip!

위 문제의 'fast - slow'와 같이 **서로 상반된 의미를 가진 부사**들이 있습니다. 이러한 부사들을 같이 묶어서 외우면 단어의 의미를 파악하기 쉽고 문제 푸는 데에 도움이 됩니다.

Tip 질문에서 묻는 것이 무엇인가요?

Q2

Q What does the boy have?

(A) He has a big dog.

(B) He has a small dog.

(C) He is taking a walk.

헷갈리기 쉬운 표현 Tip!

＊ 반의어 관계인 형용사 표현들

서로 뜻이 반대되는 형용사 표현들을 알아보도록 하자.

ex **big** (큰) ↔ **small** (작은)   **fast** (빠른) ↔ **slow** (느린)   **long** (긴) ↔ **short** (짧은)

Part D Read and Retell

Part D 유형설명

유형	세부 내용	문항 수
본문 읽고 질문에 답하기	1. 수수께끼	각 유형이 골고루 출제됨
	2. 일기 - 세부사항찾기 - 숫자/시간	
	3. 일기 - 내용 파악하기	
	4. 일상문 - 세부사항찾기 - 숫자/시간	
	5. 일상문 - 정보 파악하기	
총 5개 유형		총 5문항

DIRECTION

① 16~20번까지는 주어진 글을 보고, 질문에 답하는 문제입니다.

② 시험지에는 한 문제 당 각각 1개의 그림, 질문, 그리고 세 개의 보기가 주어집니다.

Part **D** 는 이렇게 준비하자!

❶ 긴 지문을 읽고 이해하는 연습을 하자.

Part D에서는 비교적 긴 영어 지문이 주어지고 이 지문과 관련된 질문이 나옵니다.

다른 Part 들과는 다르게 긴 지문을 보고 어렵다고 생각될 수 있지만 차근차근 정보를 파악한다면 문제 없이 정답을 맞출 수 있습니다. 특히 지문에 나온 단어들을 하나씩 연결해 흐름을 파악하는 것이 큰 도움이 됩니다.

Example

What is it? It is thin, long, and sharp. It cuts food. It has only one handle.
People have to be careful when they use it.

Q What is it?   그것은 무엇이니?

(A) pan   후라이팬
(B) salt   소금
(C) knife   (부엌)칼

VOCABULARY

adj	**thin**	가는		n	**beach**	바닷가
adj	**long**	긴		n	**sand**	모래
adj	**sharp**	날카로운		n	**bucket**	양동이
v	**cut**	자르다		n	**shovel**	삽
n	**handle**	손잡이		v	**build**	짓다
n	**pan**	후라이팬		n	**starfish**	불가사리
n	**salt**	소금		n	**sailboat**	돛단배
n	**knife**	칼		n	**sandcastle**	모래성

유형 1

수수께끼 형식의 글을 읽고 글이 가리키는 것이 무엇인지 고르는 유형입니다.

지문을 집중하여 읽고 지문에서 설명하는 사물 또는 동물이 어떤 것인지 유추하고 선택지에서
골라야 합니다.

수수께끼 질문 유형

What is it?

그것은 무엇일까?

What am I?

나는 무엇일까?

수수께끼 지문 유형

It is very sharp and long.

그것은 매우 날카롭고 길어.

I have big ears and long nose.

나는 큰 귀와 긴 코를 갖고 있어.

It has many different colors.

그것은 다양한 색상이 있어.

✓ **그림 한번 살펴보기!**

그림은 글의 이해를 돕기 위해 제시되는 것이기 때문에 그림 안에 항상 정답이 있는 것은 아니지만 그림을 파악하면 도움이 될 수 있습니다.

✓ **글에서 단서 찾기!**

수수께끼 유형에서는 글이 묘사하고 있는 사물이 무엇인지 단서를 찾아내는 것이 중요합니다. 대상의 특징에 밑줄을 치며 이러한 특징을 갖고 있는 사물을 선택지에서 찾아봅시다.

지금부터 문제들을 살펴볼까요?

Q

What is it? It is thin, long, and sharp. It cuts food. It has only one handle. People have to be careful when they use it.

Q What is it?

(A) pan

(B) salt

(C) knife

그것은 무엇일까? 그것은 얇고, 길고, 날카로워. 그것으로는 음식을 잘라. 그것의 손잡이는 하나뿐이야. 사람들은 그것을 사용할 때 조심해야만 해.

질문: 그것은 무엇인가?

(A) 후라이팬
(B) 소금
(C) (부엌)칼

풀이   **정답 (C)**

지문에서 그 물건을 날카롭고 길고 얇다고 하였고, 음식을 자르는데 사용된다고 하였기 때문에 칼이나 가위를 떠올릴 수 있습니다. 지문 안의 문장에서 손잡이는 하나라고 했습니다. 따라서 정답은 (C)입니다.

Aa **어휘**

adj	thin	가는	v	cut	자르다	n	handle	손잡이
adj	long	긴	n	pan	후라이팬	n	knife	칼
adj	sharp	날카로운	n	salt	소금			

Q

You can see me at the beach. I am made out of sand.
You can use a bucket and shovel to build me. Water can
make me disappear.

Q What is it?

(A) a starfish

(B) a sailboat

(C) a sandcastle

📑 해석   Text & Question

너는 나를 바닷가에서 볼 수 있어. 나는 모래로 만들어졌어. 양동이와 삽을 이용해서 나를 지을 수 있어. 물은 나를 사라지게 할 수 있어.

질문: 그것은 무엇일까?

(A) 불가사리
(B) 돛단배
(C) 모래성

💬 풀이   정답 (C)

지문은 그 물건에 대해서 모래로 만들어졌으며 바닷가에서 볼 수 있는 물건이라고 표현합니다. 문제의 보기를 보면 (A)와 (B)는 바닷가에서 볼 수 있는 사물이긴 하지만 모래로 만들어져 있지 않기 때문에 적절하지 않습니다. 따라서 정답은 (C)입니다.

Aa 어휘

n	beach	바닷가	n	sand	모래	n	starfish	불가사리
n	bucket	양동이	n	shovel	삽	n	sandcastle	모래성
v	build	짓다	n	sailboat	돛단배			

유형 1 본문 읽고 질문에 답하기

Q1

What am I? I have many different colors. I am used for drawing or writing. You can sharpen me. Kids love me!

Q What am I?

(A) pen

(B) notebook

(C) colored pencil

Q2

What is it? It is sweet and very cold. It is made from milk and sugar. It melts fast, but people enjoy it on a hot day!

Q **What is it?**

(A) ice cream

(B) pancakes

(C) orange juice

유형 2

일기를 잘 이해하여 내용에 나오는 세부사항을 찾는 유형입니다.

내용에는 숫자와 시간에 대한 세부적인 정보가 나올 수 있으니 숫자와 시간 관련 표현들을 아는 것이 중요합니다.

일기 세부사항 질문 유형

What time is the party?

파티는 몇 시니?

How many cookies does she eat?

그녀는 쿠키를 몇 개 먹니?

How many oranges do they buy?

그들은 오렌지를 얼마나 사니?

Where is she?

그녀는 어디에 있니?

What time does he get up?

그는 몇 시에 일어나니?

What do they eat during lunch time?

그들은 점심시간에 무엇을 먹니?

✓ **질문을 먼저 살펴보기!**

지문을 읽기 전, 주어진 질문을 먼저 확인하고 질문에서
묻는 것이 무엇인지 파악하면 지문을 더 효율적으로 읽을 수
있습니다.

✓ **세부 사항 꼼꼼히 확인하기!**

한 지문에 두 문제가 출제되기 때문에, 지문 내용 자체를
정확히 파악하는 것이 중요합니다. 실수하지 않도록 지문의
세부사항을 꼼꼼히 확인하도록 합시다.

지금부터 문제들을 살펴볼까요?

Q

I am waiting at the zoo. It opens at 10 AM. I see many animals. There are five birds, three hippos and two monkeys. One monkey is on the tree. It takes my banana.

Q1. What time does the zoo open?

(A) 8 AM

(B) 10 AM

(C) 12 PM

Q2. How many monkeys are on the tree?

(A) one

(B) three

(C) four

나는 동물원에서 기다리고 있어. 10시에 열어. 나는 많은 동물들을 보아. 새 다섯 마리, 하마 세 마리 그리고 원숭이 두 마리가 있어. 원숭이 한 마리는 나무에 있어. 원숭이가 내 바나나를 가져가.

Q1 동물원은 몇 시에 여는가?

    (A) 오전 8시
    (B) 오전 10시
    (C) 오후 12시

Q2 원숭이 몇 마리가 나무에 있는가?

    (A) 한 마리
    (B) 세 마리
    (C) 네 마리

 풀이   정답 (B), (A)

Q1. 지문에서 동물원이 10시에 열린다고 했으므로 정답은 (B)입니다.

Q2. 원숭이가 두 마리 있다는 것과 한 마리는 나무에 있다는 것을 파악하면 정답을 맞출 수 있습니다. 따라서 정답은 (A)입니다.

Aa 어휘

v	wait	기다리다	n	zoo	동물원	n	monkey	원숭이
n	animal	동물	v	see	보다	n	banana	바나나
n	hippo	하마	n	bird	새	n	tree	나무

Q

I go to the grocery store with my mom. I like oranges. My mom buys 1 apple and 4 oranges. Dinner is at six o'clock. We are late. We order pizza.

Q1. **What time is dinner?**

    (A) one o'clock

    (B) three o'clock

    (C) six o'clock

Q2. **How many oranges do they buy?**

    (A) one

    (B) three

    (C) four

🔍 해석   Text & Question

나는 엄마랑 함께 슈퍼마켓에 가. 나는 오렌지를 좋아해. 엄마가 사과 한 개와 오렌지 네 개를 사셔.
저녁 식사는 여섯 시야. 우리는 늦었어. 우리는 피자를 주문해.

Q1   저녁 식사는 몇 시인가?   **Q2**   그들은 오렌지 몇 개를 사는가?

    (A) 한 시   (A) 한 개

    (B) 세 시   (B) 세 개

    (C) 여섯 시   (C) 네 개

💬 풀이   정답 (C), (C)

Q1.   지문에서 저녁 식사는 여섯시라고 했기 때문에 정답은 (C)입니다.

Q2.   엄마는 사과 한 개와 오렌지 네 개를 산다고 했습니다. 과일의 갯수를 정확히 파악해야 합니다.
따라서 정답은 (C)입니다.

Aa 어휘

v	go	가다	n	dinner	저녁	n	grocery store	슈퍼마켓
n	apple	사과	adj	late	늦은	n	orange	오렌지
v	buy	사다	v	order	주문하다			

유형 2 본문 읽고 질문에 답하기

Q1

Jimmy wakes up every day at 7 AM. He eats breakfast and gets ready to go to school. His mom always packs him one sandwich and two cookies. His dad drives him to school.

Q1. When does Jimmy wake up?

(A) 6 AM

(B) 7 AM

(C) 8 AM

Q2. How many cookies does Jimmy's mom pack?

(A) one

(B) two

(C) three

Q2

It's my sister's birthday today. We have a party at 2 PM. She is 6 years old now. We eat hot dogs, fruits, and a birthday cake. I give her two gifts. She is very happy. I love my sister.

Q1. **What time is the party?**

(A) 2 PM

(B) 4 PM

(C) 6 PM

Q2. **How many gifts does she get?**

(A) one

(B) two

(C) three

유형 3

일기를 읽고 내용에 관련된 질문에 대답하는 유형입니다.

내용에 관련된 세부사항을 물어보는 질문이 나오니 질문을 잘 읽고 본문에서 질문에
해당하는 문장을 잘 찾아서 정답을 골라야 합니다.

내용 파악 질문 유형

What does she do every day?

그녀는 매일 무엇을 하니?

Whose birthday is it?

누구 생일이니?

What did the parents give her?

부모님은 그녀에게 무엇을 주었니?

What do they do first?

그들은 가장 먼저 무엇을 하니?

Where are they going?

그들은 어디에 가니?

How old is he?

그는 몇 살이니?

✅ 질문에서 묻는 대상을 확인하기!

질문 유형에서 드러나듯, 인물에 대해 묻는 질문이 자주
출제됩니다. 글에서 여러 인물이 등장하는 경우, 어떤 인물에
대해서 묻고 있는지 꼼꼼하게 확인해야 합니다.

✅ 질문에 해당하는 문장 찾기!

질문에서 묻고 있는 정보를 찾을 수 있는 문장들을 글에서
찾아 밑줄을 그으며 문제의 선택지와 비교하면, 질문에 대한
답을 금방 찾을 수 있습니다.

지금부터 문제들을 살펴볼까요?

Q

Every day, I do homework with my friend Sally. I am good at math. Sally is good at science. I don't like science. We help each other. We are good friends.

Q1. What does Sally do every day?

    (A) play soccer

    (B) go to library

    (C) do homework

Q2. What is Sally good at?

    (A) math

    (B) English

    (C) science

Text & Question

나는 내 친구 Sally와 매일 숙제를 해. 나는 수학을 잘해. Sally는 과학을 잘해. 나는 과학을 좋아하지 않아. 우리는 서로 도와줘. 우리는 좋은 친구야.

Q1 Sally는 매일 무엇을 하는가?　　　**Q2** Sally는 무엇을 잘하는가?

(A) 축구를 한다　　　　　　　　　　(A) 수학
(B) 도서관에 간다　　　　　　　　　(B) 영어
(C) 숙제를 한다　　　　　　　　　　(C) 과학

풀이　　　정답 (C), (C)

Q1. 지문에서 화자는 친구인 Sally와 매일 숙제를 한다고 했기 때문에, Sally는 매일 숙제를 한다가 정답입니다. 따라서 정답은 (C)입니다.

Q2. 지문에서 Sally는 과학을 잘한다고 했습니다. 본문에서 수학은 화자가 잘하는 과목이기 때문에 (A)는 오답입니다. (B)는 본문에는 나오지 않은 과목입니다. 따라서 정답은 (C)입니다.

Aa 어휘

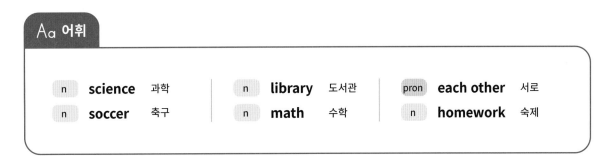

| n | science | 과학 | n | library | 도서관 | pron | each other | 서로 |
| n | soccer | 축구 | n | math | 수학 | n | homework | 숙제 |

Pre-Starter Reading & Writing　141

Q

Today is a long day. We get a Christmas tree. Dad ties the tree above our car. We also go shopping at the store. Mom buys many presents. I like Christmas.

Q1. **Where do they go shopping?**

(A) at the store

(B) at the bakery

(C) at the movie theatre

Q2. **Who buys the presents?**

(A) Mom

(B) Dad

(C) Sister

오늘은 긴 하루야. 우리는 크리스마스 트리를 구해. 아빠는 나무를 차 위에다 묶어 놓아. 우리는 가게에서 쇼핑도 해. 엄마는 선물을 많이 사. 나는 크리스마스가 좋아.

Q1 그들은 어디로 쇼핑하러 가는가?   **Q2** 누가 선물을 사는가?

(A) 가게로   (A) 엄마
(B) 빵집으로   (B) 아빠
(C) 영화관으로   (C) 언니

풀이   정답 (A), (A)

Q1. 지문에 나오는 내용은 'shopping at the store'입니다. 따라서 정답은 (A)입니다.

Q2. 지문에 나오는 사람들의 행동을 잘 파악해야 합니다. 아빠의 행동은 'buys the presents'와 일치하지 않기 때문에 오답이고 언니는 본문과 무관한 인물로 (C)도 오답입니다. 따라서 정답은 (A)입니다.

Aa 어휘

n	**today**	오늘	adj	**long**	긴	adj	**many**	많은
prep	**above**	~위에	v	**tie**	묶다	n	**shopping**	쇼핑
n	**store**	가게	v	**buy**	사다	n	**Christmas**	크리스마스

Q1

Today I go to the beach with my family. My dad drives for three hours. First, we make a sandcastle. Then, we eat a snack. Finally, we swim in the ocean. I am very happy.

Q1. How many hours does the dad drive?

(A) 1 hour

(B) 2 hours

(C) 3 hours

Q2. What do they do first?

(A) eat a snack

(B) go for a swim

(C) make a sandcastle

Q2

My family goes on a trip. There are many people at the airport. My mom gets the tickets. We wait in line to get on the airplane. We feel happy and excited.

Q1. **Who gets the tickets?**

(A) me

(B) my dad

(C) my mom

Q2. **How does the family feel?**

(A) bored

(B) scared

(C) excited

유형 4

일상문에 나오는 세부사항을 보고 가장 알맞은 정답을 찾는 유형입니다.

영어로 숫자와 시간을 열심히 공부하고 문제에 나오는 숫자와 시간에 대한 내용을 잘 살펴서 문제를 풀어야 합니다.

숫자/시간 질문 유형

What time do they leave home?
그들은 몇 시에 집을 나가니?

What time does she wake up?
그녀는 몇 시에 일어나니?

What time does school end?
몇 시에 학교가 끝나니?

How many animals are there?
거기에는 동물들이 몇 마리가 있니?

How many days do they study?
그들은 며칠 동안 공부하니?

How many slices of pizza does the sister eat?
여동생은 피자 몇 조각을 먹니?

✅ **지문에서 시간 정보 표시해놓기!**

지문에서 시간 정보가 제시되는 경우, 시간에 대해 묻는 문제가
나올 확률이 높습니다. 지문을 읽는 도중 시간 정보가 나온다면
바로 표시해놓도록 합시다.

✅ **그림과 헷갈리지 말기!**

Part D에서 제시되는 그림은 글의 이해를 돕기 위함일 뿐,
글과 직접적인 관련은 없습니다. 그러므로 개수를 묻는 문제의
답을 찾을 땐 그림이 아닌 글에 집중해야 합니다.

지금부터 문제들을 살펴볼까요?

Q

It is 7 o'clock in the morning. Sam is in the car. Sam's family is going to a farm to pick apples. They see two bears and one zebra. They pick 20 apples and eat 10 apples. The apples are very delicious.

Q1. How many bears does Sam see?

   (A) two bears

   (B) seven bears

   (C) ten bears

Q2. How many apples do they have left?

   (A) 7 apples

   (B) 10 apples

   (C) 20 apples

아침 7시야. Sam은 차 안에 있어. Sam네 가족은 사과를 따러 농장에 가고 있어. 그들은 곰 두 마리와 얼룩말 한 마리를 보아. 그들은 사과 20개를 따고 10개를 먹어. 사과들은 아주 맛있어.

Q1 Sam은 몇 마리의 곰들을 보았는가?

(A) 두 마리
(B) 일곱 마리
(C) 열 마리

Q2 그들은 사과가 몇 개나 남았는가?

(A) 7개
(B) 10개
(C) 20개

풀이   정답 (A), (B)

Q1. 본문에 곰 2마리와 얼룩말 1마리를 보았다고 나왔습니다. 따라서 정답은 (A)입니다.

Q2. 본문에 사과 20개를 따서 10개를 먹는다고 나옵니다. 내용을 잘 파악해서 사과 20개에서 10개를 빼면 사과가 10개가 남았다는 것을 알 수 있습니다. 따라서 정답은(B)입니다.

Aa 어휘

n	**morning**	아침	n	**farm**	농장	n	**apple**	사과
adj	**delicious**	맛있는	n	**car**	자동차	v	**pick**	따다, 고르다
n	**family**	가족	n	**bear**	곰	n	**zebra**	얼룩말

유형 4 본문 읽고 질문에 답하기

Q

Today, Lisa's family moves to a new house. She wakes up at 7:30 AM.There are boxes everywhere. Her sister has two new plants. Lisa gets a new skateboard. Her family is happy.

Q1. **What time does Lisa wake up?**

(A) 6:00 AM

(B) 7:00 AM

(C) 7:30 AM

Q2. **How many new things do they have?**

(A) two

(B) three

(C) seven

Lisa네 가족은 오늘 새 집으로 이사해. 그녀는 오전 7:30에 일어나. 여기저기에 상자들이 가득해. 그녀의 여동생은 새 식물 두 개가 있어. 그녀는 새 스케이트보드가 있어. 그녀의 가족은 행복해.

Q1 Lisa는 몇 시에 일어나는가?

    (A) 오전 6시
    (B) 오전 7시
    (C) 오전 7시 30분

Q2 그들은 새 물건들이 몇 개 있는가?

    (A) 2개
    (B) 3개
    (C) 7개

풀이   **정답 (C), (B)**

Q1. 본문에 "그녀는 오전 7:30에 일어난다."라는 내용을 정확히 이해하면 알맞은 정답을 찾을 수 있습니다. 따라서 정답은 (C)입니다.

Q2. 본문에 Lisa는 새 스케이트보드가 있다고 나오지만 그 전 문장을 보면 여동생도 새 식물 두 개가 있다고 나옵니다. 그렇기 때문에 Lisa의 새 스케이트보드와 여동생의 새 식물 두 개를 더하면 됩니다. 따라서 정답은 (B)입니다.

Aa 어휘

v **move**	이사하다	adj **new**	새로운	v **wake up**	일어나다
adj **happy**	행복한	n **box**	상자	n **skateboard**	스케이트보드
n **house**	집	n **family**	가족	adv **everywhere**	모든 곳에

유형 4 본문 읽고 질문에 답하기

Q1

Adam wakes up at 8:00 AM to go to soccer practice. He plays soccer with his two best friends. Adam usually walks to soccer practice. But today he wakes up ten minutes late. His dad drives him to practice.

Q1. What time did Adam wake up today?

(A) 8:00 AM

(B) 8:05 AM

(C) 8:10 AM

Q2. How many friends does he play soccer with?

(A) two

(B) three

(C) four

Q2

Brad's class goes camping to a mountain. At night, they make a fire and eat marshmallows. They go to sleep at 10 o'clock. They camp for two days. They all have fun.

Q1. **What time do they sleep?**

(A) at 9 o'clock

(B) at 10 o'clock

(C) at 11 o'clock

Q2. **How many days do they camp?**

(A) one day

(B) two days

(C) three days

유형 5

지문을 읽고 지문에 나오는 정보를 파악하여 질문에 대답하는 유형입니다.

지문에 나오는 인물, 장소, 사물 등의 정보에 집중하여 정확한 정보에 해당하는 답을
보기에서 찾도록 합니다.

정보 파악 질문 유형

What is Lucy's favorite lunch menu?
Lucy가 가장 좋아하는 점심 메뉴는 무엇이니?

What book does he read today?
그는 오늘 무슨 책을 읽니?

What is his hobby?
그의 취미는 무엇이니?

What does she want to become?
그녀는 무엇이 되길 원하니?

How does he feel?
그는 기분이 어떠니?

How does she go to school?
그녀는 어떻게 학교에 가니?

Q

The weather is nice today. Kai's dad wants to wash the car. Kai and his sister help him. Kai sprays water with the hose. His sister washes the car with a towel. Washing the car takes 3 hours.

Q1. Who wants to wash the car?

    (A) Kai

    (B) Kai's dad

    (C) Kai's sister

Q2. How long does the car wash take?

    (A) two hours

    (B) three hours

    (C) four hours

해석　Text & Question

오늘은 날씨가 좋아. Kai 아빠는 세차를 하고 싶어하셔. Kai와 그의 여동생이 도와드려. Kai가 호스로 물을 뿌려. 여동생은 수건으로 차를 닦아. 세차하는데는 3시간이 걸려.

Q1 누가 세차를 하고 싶어 하는가?

(A) 카이
(B) 카이의 아빠
(C) 카이의 여동생

Q2 세차하는데 얼마나 걸리는가?

(A) 두 시간
(B) 세 시간
(C) 네 시간

풀이　정답 (B), (B)

Q1. 본문에 여러 인물들이 나옵니다. 그 중 Kai의 아빠가 세차를 하시고 싶어 한다고 나옵니다. 따라서 정답은 (B)입니다.

Q2. 본문 끝에서 세차하는데 3시간이 걸렸다고 나옵니다. 따라서 정답은 (B)입니다.

 어휘

n	**weather**	날씨	n	**car**	자동차	n	**water**	물
adj	**nice**	좋은	n	**towel**	수건	n	**hose**	호스
v	**wash**	닦다	v	**spray**	뿌리다	phr	**how long**	얼마나 오래

Q

Today is Chen's big day. He plays the violin in a talent show. His family comes to the show. He is happy and proud. He plays the violin very well. Everyone claps hands.

Q1. **What does Chen play in the show?**

(A) violin

(B) piano

(C) guitar

Q2. **How does Chen feel?**

(A) calm and shy

(B) sad and angry

(C) happy and proud

오늘은 Chen에게 중요한 날이야. 그는 장기자랑에서 바이올린을 연주해. 그의 가족이 장기자랑에 와. 그는 기쁘고 자랑스러워. 그는 바이올린을 매우 잘 연주해. 모두가 박수를 쳐.

Q1   Chen은 장기자랑에서 무엇을 연주하는가?   **Q2**   Chen의 기분은 어떤가?

    (A) 바이올린   (A) 차분하고 부끄러움

    (B) 피아노   (B) 슬프고 화남

    (C) 기타   (C) 기쁘고 자랑스러움

풀이   정답 **(A), (C)**

Q1. 본문에서 Chen은 장기자랑에서 바이올린을 연주한다고 나와있습니다. 따라서 정답은 (A)입니다.

Q2. 본문에서 Chen은 기쁘고 자랑스럽다고 했습니다. 따라서 정답은 (C)입니다.

Aa 어휘

n	**talent**	재주, 장기	adv	**well**	잘	adj	**calm**	차분한
v	**clap**	박수치다	n	**guitar**	기타	adj	**proud**	자랑스러운
n	**violin**	바이올린	n	**family**	가족	adj	**shy**	부끄러운

Q1

It is very cold today. Tim and his dad go ice skating. It is Tim's first time going ice skating. He is scared. He falls down many times. But he doesn't give up.

Q1. Where do Tim and his dad go?

(A) golfing

(B) swimming

(C) ice skating

Q2. How does Tim feel?

(A) sad

(B) scared

(C) excited

Q2

Susie reads a book with her grandfather and brother every night. Today, they read a horror book. It is fun but scary. Her baby brother goes to sleep. She can't go to sleep because she feels too scared.

Q1. **What book does Susie read today?**

(A) a comic book

(B) a horror book

(C) a fantasy book

Q2. **Who goes to sleep?**

(A) Susie

(B) Susie's brother

(C) Susie's grandfather

Appendix

A

a lot	adv. 많이
above	prep. ~위에
airplane	n. 비행기
airport	n. 공항
animal	n. 동물
apple	n. 사과
artist	n. 예술가

B

backpack	n. 배낭
bag	n. 가방
ball	n. 공
banana	n. 바나나
basket	n. 바구니
basketball	n. 농구
beach	n. 바닷가
bear	n. 곰
because	conj. ~기 때문에
behind	prep. ~뒤에
bench	n. 벤치
between	prep. 사이에
big	adj. 큰

bike	n. 자전거
bird	n. 새
birthday	n. 생일
blue	adj. 파란색의
book	n. 책
bored	adj. 지루한[따분해]하는
boring	adj. 지루한
bowl	n. 그릇, 통
box	n. 상자
boy	n. 소년
bread	n. 빵
breakfast	n. 아침
bucket	n. 양동이
build	v. 짓다
buy	v. 사다

C

calm	adj. 차분한
car	n. 자동차
carry	v. 들고 있다, 나르다
cat	n. 고양이
chair	n. 의자
children	n. 아이들
Christmas	n. 크리스마스

church	n. 교회		each other	pron. 서로
clap	v. 박수치다		eat	v. 먹다
class	n. 학급[반]		elephant	n. 코끼리
clock	n. 시계		empty	adj. 비어 있는
cold	adj. 차가운		enjoy	v. 즐기다
color	n. 색		every day	adv. 매일
comic book	n. 만화책		everywhere	adv. 모든 곳에
come	v. 오다		excited	adj. 신난
concert	n. 콘서트		**F**	
cook	v. 요리하다		family	n. 가족
cookie	n. 쿠키		fantasy	n. 판타지
cut	v. 자르다		far	adv. 멀리
D			farm	n. 농장
delicious	adj. 맛있는		fast	adv. 빨리, 빠르게
dinner	n. 저녁 식사		feel	v. 느끼다
dive	v. 다이빙하다		friend	n. 친구
dog	n. 강아지		first time	처음
dress	n. 원피스		flower	n. 꽃
drink	v. 마시다		fly	v. 날다
drive	v. 운전하다		fold	v. 접다
dry	adj. 건조한		food	n. 음식
E			fox	n. 여우

fruit	n. 과일
full	adj. (~이) 가득한

G

gift	n. 선물
giraffe	n. 기린
girl	n. 소녀
give	v. 주다
give up	v. 포기하다
glass	n. 유리, 유리컵
go	v. 가다
golf	n. 골프
grandfather	n. 할아버지
grass	n. 잔디
grocery store	n. 슈퍼마켓
guitar	n. 기타

H

hand	n. 손
handle	n. 손잡이
happy	adj. 행복한
hard	adj. 어려운
hat	n. 모자
here	adv. 여기에

hippo	n. 하마
hold	v. 잡다
home	n. 집
homework	n. 숙제
horror	n. 공포(감)
hose	n. 호스
house	n. 집
how long	얼마나 오래
hungry	adj. 배고픈

I

ice cream	n. 아이스크림
ice skate	v. 스케이트를 타다
inside	prep. ~안에

J

January	n. 1월
July	n. 7월
June	n. 6월

K

knife	n. (부엌)칼

L

late	adv. 늦게 adj. 늦은
left	adj. 왼쪽의

library	n. 도서관	move	v. 이사하다
like	v. 좋아하다	**N**	
long	adj. 긴	near	adj. 가까운
look at	v. ~을 보다	new	adj. 새로운
loud	adj. 소리가 큰	next to	prep. ~옆에
M		nice	adj. 좋은
many	adj. 많은	night	n. 밤
map	n. 지도	now	이제, 지금
marshmallow	n. 마시멜로우	**O**	
math	n. 수학	o'clock	adv. ~시 (정확한 시간을 나타냄)
meat	n. 고기	old	adj. 나이가 든
meet	v. 만나다	on	prep. ~(위)에
melt	v. 녹다	orange	n. 오렌지
milk	n. 우유	order	v. 주문하다
mirror	n. 거울	ox	n. 황소
Monday	n. 월요일	**P**	
money	n. 돈	pack	v. 싸다
monkey	n. 원숭이	paint	v. 페인트를 칠하다
map	n. 지도	pan	n. 후라이팬
morning	n. 아침	paper	n. 종이
mother	n. 엄마	party	n. 파티
mountain	n. 산	pen	n. 볼펜

pencil	n. 연필		sailboat	n. 돛단배
people	n. 사람들		salt	n. 소금
pick	v. 따다		sand	n. 모래
picnic	n. 소풍 v. 소풍[피크닉]을 하다		sandcastle	n. 모래성
pink	adj. 분홍색의		sandwich	n. 샌드위치
pizza	n. 피자		Saturday	n. 토요일
plant	n. 식물		scared	adj. 무서워하는
play	v. 놀다		scarf	n. 목도리
play tennis	v. 테니스 치다		scary	adj. 무서운, 겁나는
playground	n. 놀이터		school	n. 학교
pot	n. 냄비		science	n. 과학
proud	adj. 자랑스러운		see	v. 보다
push	v. 밀다		shake hands	v. 악수하다

R

rabbit	n. 토끼
read	v. 읽다
red	adj. 빨간(색의)
restaurant	n. 식당
ride	v. 타다
right	adj. 오른쪽의

S

sad	adj. 슬픈

sharp	adj. 뾰족한, 날카로운
shopping	n. 쇼핑
shy	adj. 수줍음[부끄러움]을 많이 타는
sister	n. 여자형제
skateboard	n. 스케이트보드
skirt	n. 치마
sleep	v. 자다
slowly	adv. 느리게
small	adj. 작은

snack	n. 간식		Thursday	n. 목요일
soccer	n. 축구		ticket	n. 표
soccer practice	축구 연습		tie	v. 묶다
socks	n. 양말		tiger	n. 호랑이
soup	n. 수프		time	n. 시간
spray	v. 뿌리다		tired	adj. 피곤한
star	n. 별		today	adv. 오늘
starfish	n. 불가사리		towel	n. 수건
store	n. 가게		tree	n. 나무
strawberry	n. 딸기		triangle	n. 삼각형
sugar	n. 설탕		trophy	n. 트로피
Sunday	n. 일요일		Tuesday	n. 화요일
sweet	adj. 달콤한		turtle	n. 거북이
swim	v. 수영하다		**U**	
swing	n. 그네		under	prep. ~아래에
T			**V**	
table	n. 책상		vase	n. 꽃병
take a walk	산책하다		van	n. 승합차
talent	n. 재주, 장기		violin	n. 바이올린
tennis	n. 테니스		**W**	
test	n. 시험		wait in line	v. 줄을 서서 기다리다
thin	adj. 얇은, 가는		wait	v. 기다리다

wake up	v. 일어나다
walk	v. 걷다
wall	n. 벽
wash	v. 씻다
water	n. 물
wear	v. 입다
weather	n. 날씨
Wednesday	n. 수요일
well	adv. 잘
wet	adj. 젖은
window	n. 창문
worm	n. 지렁이

Y

yellow	adj. 노란색의

Z

zebra	n. 얼룩말
zoo	n. 동물원

memo

memo

국제토셀위원회

TOSEL
유형분석집

PRE-STARTER

Section II.
Reading & Writing

ANSWERS

국제토셀위원회

TOSEL®
유형분석집

PRE-STARTER
정답 및 해설

Part A-1. Spell the Words

⏱ 유형 1-자음 (p.28)

Step 3. Practice Test

1. __ asket

    (A) b

    (B) d

    (C) v

정답 (A)

해석 바구니

풀이 '바구니'의 알맞은 철자는 'basket'이기 때문에 'b'를 채워 넣어야 합니다. 따라서 정답은 (A)입니다.

2. win__ow

    (A) d

    (B) h

    (C) l

정답 (A)

해석 창문

풀이 '창문'의 알맞은 철자는 'window'이기 때문에 'd'를 채워 넣어야 합니다. 따라서 정답은 (A)입니다.

3. mon__ey

    (A) s

    (B) c

    (C) k

정답 (C)

해석 원숭이

풀이 '원숭이'의 알맞은 철자는 'monkey'이기 때문에 'k'를 채워 넣어야 합니다. 따라서 정답은 (C)입니다.

4. arti__t

    (A) n

    (B) s

    (C) p

정답 (B)

해석 화가

풀이 '화가'의 알맞은 철자는 'artist'이기 때문에 's'를 채워 넣어야 합니다. 따라서 정답은 (B)입니다.

⏱ 유형 2-모음 (p.34)

Step 3. Practice Test

1. d__ve

    (A) i

    (B) a

    (C) u

정답 (A)

해석 다이빙하다, 잠수하다

풀이 '다이빙하다'의 알맞은 철자는 'dive'이기 때문에 'i'를 채워 넣어야 합니다. 따라서 정답은 (A)입니다.

2. tenn__s

    (A) a

    (B) e

    (C) i

정답 (C)

해석 테니스

풀이 '테니스'의 알맞은 철자는 'tennis'이기 때문에 'i'를 채워 넣어야 합니다. 따라서 정답은 (C)입니다.

3. br__ad

    (A) i

    (B) o

    (C) e

정답 (C)

해석 빵

풀이 '빵'의 알맞은 철자는 'bread'이기 때문에 'e'를 채워 넣어야 합니다. 따라서 정답은 (C)입니다.

4. tri__ngle

    (A) a

    (B) i

    (C) e

정답 (A)

해석 삼각형

풀이 '삼각형'의 알맞은 철자는 'triangle'이기 때문에 'a'를 채워 넣어야 합니다. 따라서 정답은 (A)입니다.

Part A-2. Spell the Words

유형 1-Jumbled (p.42)

Step 3. Practice Test

1. (A) caihr
   (B) chair
   (C) cihra

정답 (B)

해석 의자

풀이 '의자'의 알맞은 철자는 'chair'입니다. 따라서 정답은 (B)입니다.

2. **(A) soccer**
   (B) secocr
   (C) socrec

정답 (A)

해석 축구

풀이 '축구'의 알맞은 철자는 'soccer'입니다. 따라서 정답은 (A)입니다.

3. (A) hrnguy
   (B) hungry
   (C) hygnur

정답 (B)

해석 배고픈

풀이 '배고픈'의 알맞은 철자는 'hungry'입니다. 따라서 정답은 (B)입니다.

4. **(A) picture**
   (B) putceri
   (C) percitu

정답 (A)

해석 사진

풀이 '사진'의 알맞은 철자는 'picture'입니다. 따라서 정답은 (A)입니다.

유형 2-헷갈리는 철자 (p.48)

Step 3. Practice Test

1. **(A) dance**
   (B) bands
   (C) does

정답 (A)

해석 춤추다

풀이 '춤추다'의 알맞은 철자는 'dance'입니다. 따라서 정답은 (A)입니다.

2. (A) class
   (B) glass
   (C) grass

정답 (B)

해석 유리

풀이 '유리'의 알맞은 철자는 'glass'입니다. 따라서 정답은 (B)입니다.

3. (A) ox
   (B) fox
   (C) box

정답 (B)

해석 여우

풀이 '여우'의 알맞은 철자는 'fox'입니다. 따라서 정답은 (B)입니다.

4. **(A) meat**
   (B) meet
   (C) pet

정답 (A)

해석 고기

풀이 '고기'의 알맞은 철자는 'meat'입니다. 따라서 정답은 (A)입니다.

Part B. Look and Recognize

🕐 유형 1-명사 (p.58)

Step 3. Practice Test

1. **(A) There's a cat on the books.**
    (B) There's a pen on the books.
    (C) There's a mug on the books.

정답 (A)

해석 **(A) 책들 위에 고양이가 있어.**
    (B) 책들 위에 펜이 있어.
    (C) 책들 위에 머그컵이 있어.

풀이 책들 위에 고양이가 앉아 있는 그림입니다. 따라서 정답은 (A)입니다.

Words and Phrases cat 고양이 | book 책 | pen 펜 | mug 머그컵

2. (A) He is wearing a hat.
    (B) He is wearing gloves.
    (C) He is wearing a scarf.

정답 (C)

해석 (A) 그는 모자를 쓰고 있어.
    (B) 그는 장갑을 끼고 있어.
    (C) 그는 목도리를 하고 있어.

풀이 남자는 목도리를 하고 있습니다. 따라서 정답은 (C)입니다.

Words and Phrases wear 입다 | hat 모자 | gloves 장갑 | scarf 목도리

🕐 유형 2-동사 (p.64)

Step 3. Practice Test

1. (A) He is folding the paper.
    (B) He is cutting the paper.
    (C) He is reading the paper.

정답 (B)

해석 (A) 그는 종이를 접고 있어.
    (B) 그는 종이를 자르고 있어.
    (C) 그는 종이를 읽고 있어.

풀이 그림에서 소년은 종이를 자르고 있습니다. 따라서 정답은 (B)입니다.

Words and Phrases fold 접다 | paper 종이 | cut 자르다 | read 읽다

2. (A) They are playing golf.
    (B) They are playing soccer.
    (C) They are playing basketball.

정답 (C)

해석 (A) 그들은 골프를 치고 있어.
    (B) 그들은 축구를 하고 있어.
    (C) 그들은 농구를 하고 있어.

풀이 그림에서 아이들이 농구를 하고 있습니다. 따라서 정답은 (C)입니다.

Words and Phrases play 하다 | golf 골프 | soccer 축구 | basketball 농구

🕐 유형 3-전치사 (p.70)

Step 3. Practice Test

1. (A) There's a ball on the box.
    (B) There's a ball under the box.
    (C) There's a ball next to the box.

정답 (B)

해석 (A) 공이 상자 위에 있어.
    (B) 공이 상자 아래에 있어.
    (C) 공이 상자 옆에 있어.

풀이 그림 속의 공은 상자의 아래에 위치하고 있습니다. 보기의 세 문장을 잘 보고 각 전치사를 이해한 후 '상자 아래'라고 표현 되어있는 문장을 골라야 합니다. 따라서 정답은 (B)입니다.

Words and Phrases ball 공 | on ~(위)에 | under ~아래에 | next to ~옆에

2. **(A) There's a girl next to the tree.**
    (B) There's a ball next to the tree.
    (C) There's a dog next to the tree.

정답 (A)

해석 (A) 나무 옆에 여자가 있어.

(B) 나무 옆에 공이 있어.

(C) 나무 옆에 강아지가 있어.

풀이 그림 속의 나무 옆에는 여자가 위치하고 있습니다. 보기의 세 문장을 잘 보고 각 전치사를 이해한 후 여자가 나무의 옆에 있다고 표현 되어 있는 문장을 골라야 합니다. 따라서 정답은 (A)입니다.

Words and Phrases girl 여자 | tree 나무 | next to ~옆에 | ball 공 | dog 강아지

🕐 유형 4-시간/날짜 (p.76)

Step 3. Practice Test

1. **(A) It's January 1st.**

(B) It's June 1st.

(C) It's July 1st.

정답 (A)

해석 **(A) 1월 1일이야.**

(B) 6월 1일이야.

(C) 7월 1일이야.

풀이 그림의 달력에서 1월 1일에 표시가 되어있습니다. 따라서 정답은 1월 1일을 정확히 표기한 (A)입니다.

Words and Phrases January 1월 | June 6월 | July 7월

2. **(A) The party is on July 4th.**

(B) The party is on June 4th.

(C) The party is on January 4th.

정답 (A)

해석 **(A) 파티는 7월 4일이야.**

(B) 파티는 6월 4일이야.

(C) 파티는 1월 4일이야.

풀이 그림의 달력에는 7월 4일이 표시 되어 있습니다. 따라서 정답은 7월 4일을 정확히 표기한 (A)입니다.

Words and Phrases July 7월 | June 6월 | January 1월

🕐 유형 5-부사/형용사 (p.82)

Step 3. Practice Test

1. (A) Let's be safe.

(B) Let's be loud.

(C) Let's be quiet.

정답 (C)

해석 (A) 안전하게 하자.

(B) 시끄럽게 하자.

(C) 조용히 하자.

풀이 그림 속 소년은 조용히 하라는 행동을 하고 있습니다. 따라서 정답은 '조용한'이라는 표현을 쓴 (C)입니다.

Words and Phrases safe 안전한 | loud 시끄러운 | quiet 조용한

2. (A) The right cup is blue.

(B) The right cup is small.

(C) The right cup is empty.

정답 (B)

해석 (A) 오른쪽 컵은 파랑색이야.

(B) 오른쪽 컵은 작아.

(C) 오른쪽 컵은 비어 있어.

풀이 두 그림을 비교해보면 왼쪽 컵은 크고 오른쪽 컵은 작습니다. 보기를 보면 모두 오른쪽 컵을 말하고 있습니다. 따라서 정답은 '작은'이라는 표현을 쓴 (B)입니다.

Words and Phrases right 오른쪽 | cup 컵 | blue 파랑색 | small 작은 | empty 비어 있는

Part C. Look and Respond

🕐 유형 1-명사 (p.92)

Step 3. Practice Test

1. Q. What is she doing?

(A) She is feeling happy.

(B) She is cutting the paper.

(C) She is looking in the mirror.

정답 (C)

해석 Q. 그녀는 무엇을 하고 있니?

(A) 그녀는 행복해하고 있어.

(B) 그녀는 종이를 자르고 있어.

(C) 그녀는 거울을 보고 있어.

풀이 질문은 그녀가 무엇을 하고있냐고 묻고 있고, 그림 속 소녀는 거울을 보고 있습니다. 그림 속 'mirror(거울)'이라는 단어를 보기에서 찾는다면 쉽게 답을 맞출 수 있습니다. 따라서 정답은 (C)입니다.

Words and Phrases feel 느끼다 | happy 행복한 | cut 자르다 | paper 종이 | look 보다 | mirror 거울

2. Q. What is she doing?

(A) She is holding a pot.

(B) She is holding a vase.

(C) She is cooking dinner.

정답 (A)

해석 Q. 그녀는 무엇을 들고 있니?

(A) 그녀는 냄비를 들고 있어.

(B) 그녀는 꽃병을 들고 있어.

(C) 그녀는 저녁을 만들고 있어.

풀이 질문은 그녀가 무엇을 들고 있냐고 묻고 있고, 그림 속 소녀는 냄비를 들고 있습니다. 따라서 정답은 (A)입니다.

Words and Phrases hold 들다 | pot 냄비 | vase 꽃병 | cook 요리하다 | dinner 저녁

⏱ 유형 2- 동사 (p.98)

Step 3. Practice Test

1. Q. What are they doing?

(A) They are good friends.

(B) They are reading books.

(C) They are having a picnic.

정답 (C)

해석 Q. 그들은 무엇을 하고 있니?

(A) 그들은 좋은 친구들이야.

(B) 그들은 책을 읽고 있어.

(C) 그들은 피크닉을 하고 있어.

풀이 질문에서 그들이 무엇을 하냐고 묻고 있고 그림에서 가족은 피크닉을 하고 있습니다. (A)는 질문에 적합한 답이 아니며, (B)는 그림과는 다른 사실이기 때문에 오답입니다. 따라서 정답은 (C)입니다.

Words and Phrases friend 친구 | read 읽다 | picnic 소풍

2. Q. What is he doing?

(A) He is playing tennis.

(B) He is eating ice cream.

(C) He is walking to school.

정답 (B)

해석 Q. 그는 무엇을 하고 있니?

(A) 그는 테니스를 치고 있어.

(B) 그는 아이스크림을 먹고 있어.

(C) 그는 학교로 걸어가고 있어.

풀이 질문에서 그는 무엇을 하냐고 묻고 있고, 그림에서 소년은 아이스크림을 먹고 있습니다. 따라서 정답은 (B)입니다.

Words and Phrases play tennis 테니스 치다 | eat 먹다 | ice cream 아이스크림 | walk 걷다 | school 학교

⏱ 유형 3-전치사 (p.104)

Step 3. Practice Test

1. Q. Where is the boy?

(A) He is a good student.

(B) He is behind the slide.

(C) He is in front of the slide.

정답 (B)

해석 Q. 소년은 어디에 있니?

(A) 그는 좋은 학생이야.

(B) 그는 미끄럼틀 뒤에 있어.

(C) 그는 미끄럼틀 앞에 있어.

풀이 질문에서 소년이 있는 장소를 묻고 있고 그림에서 소년은 미끄럼틀에 뒤에 있습니다. (C)는 소년이 아닌 소녀의 위치를 말하고 있기 때문에 오답입니다. 따라서 '미끄럼틀 뒤에 (behind the slide)'라고 쓴 정답은 (B)입니다.

Words and Phrases student 학생 | behind 뒤에 | slide 미끄럼틀 | in front of 앞에

2. Q. Where is the clock?

   (A) It is red.

   (B) It is on the wall.

   (C) It is next to the table.

정답 (B)

해석 Q. 시계는 어디에 있니?

   (A) 빨간색이야.

   (B) 벽에 걸려 있어.

   (C) 식탁 옆에 있어.

풀이 질문에서 시계가 어디에 있는지 묻고 있고 그림에는 시계가 벽에 걸려 있습니다. 따라서 정답은 '벽에 걸려 있다(It is on the wall)'라고 쓴 (B)입니다.

Words and Phrases clock 시계 | red 빨강색 | wall 벽 | on ~위에 | next to ~옆에 | table 식탁

🕐 유형 4-시간/날짜 (p.110)

Step 3. Practice Test

1. Q. When is the party?

   (A) It's on June sixteenth.

   (B) It's on June seventeenth.

   (C) It's at the restaurant.

정답 (B)

해석 Q. 파티는 언제야?

   (A) 6월 16일이야.

   (B) 6월 17일이야.

   (C) 식당에서 해.

풀이 질문에서 파티가 언제냐고 묻고 있고 그림의 달력은 6월 17일을 나타내고 있습니다. (C)는 언제가 아닌 어디를 묻는 질문의 대답으로 오답입니다. 따라서 정답은 '6월 17일(June seventeenth)'이라고 쓴 (B)입니다.

Words and Phrases party 파티 | June 6월 | restaurant 식당

2. Q. When is the concert?

   (A) It is on Monday.

   (B) It is on Thursday.

   (C) It is a boring concert.

정답 (B)

해석 Q. 콘서트는 언제니?

   (A) 월요일이야.

   (B) 목요일이야.

   (C) 지루한 콘서트야.

풀이 질문에서 콘서트가 언제냐고 묻고 있고 그림은 목요일에 동그라미가 쳐 있습니다. 따라서 정답은 '목요일'이라고 쓴 (B)입니다.

Words and Phrases concert 콘서트 | Monday 월요일 | Thursday 목요일 | boring 지루한

🕐 유형 5-부사/형용사 (p.116)

Step 3. Practice Test

1. Q. What is the green bird doing?

   (A) It is flying fast.

   (B) It is blue in color.

   (C) It is flying slowly.

정답 (C)

해석 Q. 초록색 새는 무엇을 하고 있니?

   (A) 빠르게 날고 있어.

   (B) 그것은 파란색이야.

   (C) 느리게 날고 있어.

풀이 질문에서 초록색 새는 무엇을 하고 있는지 묻고 있고 그림 속 초록색 새는 느리게 날고 있습니다. (A)는 파란색 새를 나타내는 문장으로 오답이고, (B)는 질문에 적절한 답이 아니므로 오답입니다. 따라서 정답은 'slowly(느리게)'로 표현한 (C)입니다.

Words and Phrases bird 새 | fly 날다 | fast 빠르게, 빠른 | slowly 느리게

2. Q. What does the boy have?

   (A) He has a big dog.

   (B) He has a small dog.

   (C) He is taking a walk.

정답 (A)

해석 Q. 소년은 무엇을 가지고 있니?

   (A) 그는 큰 개를 가지고 있어.

   (B) 그는 작은 개를 가지고 있어.

   (C) 그는 산책을 하고 있어.

풀이 질문에서 소년이 무엇을 가지고 있는지 묻고 있고 그림 속 소년은 큰 개를 가지고 있습니다. 따라서 정답은 (A)입니다.

Words and Phrases boy 소년 | big 큰 | dog 개 | small 작은 | take a walk 산책하다

Part D. Read and Retell

⏱ 유형 1-수수께끼 (p.128)

Step 3. Practice Test

1. What am I? I have many different colors. I am used for drawing or writing. You can sharpen me. Kids love me!
   (A) pen
   (B) notebook
   (C) colored pencil

정답 (C)

해석 나는 무엇일까? 나는 다양한 색을 가지고 있어. 그림을 그리거나 글을 쓸 때 나를 사용해. 너는 나를 날카롭게 깎을 수 있어. 아이들은 나를 좋아해!
   (A) 볼펜
   (B) 노트
   (C) 색연필

풀이 지문은 이 물건에 대해서 색이 다양하고 그림을 그리거나 글을 쓸 때 사용할 수 있다고 했습니다. 그리고 날카롭게 깎을 수 있다고 말하고 아이들이 좋아한다고 말했습니다. 따라서 정답은 '색연필' (C)입니다.

Words and Phrases different 다양한 | color 색 | draw 그림 그리다 | write 글 쓰다 | sharpen 날카롭게 깎다

2. What is it? It is sweet and very cold. It is made from milk and sugar. It melts fast, but people enjoy it on a hot day!
   (A) ice cream
   (B) pancakes
   (C) orange juice

정답 (A)

해석 그것은 무엇일까? 그것은 달콤하고 아주 차가워. 그것은 우유와 설탕으로 만들어졌어. 그것은 빨리 녹지만 사람들은 더운 날에 그것을 즐겨!
   (A) 아이스크림
   (B) 팬케이크
   (C) 오렌지 주스

풀이 지문에서 그것은 달콤하고 아주 차갑다고 했기 때문에 아이스크림이나 오렌지쥬스가 정답이 될 수 있습니다. 우유와 설탕으로 만들어졌으며 빨리 녹는다고 했기 때문에 '아이스크림'이 제일 적절합니다. 따라서 정답은 (A)입니다.

Words and Phrases sweet 달콤한 | cold 차가운 | milk 우유 | sugar 설탕 | melt 녹다 | fast 빨리 | enjoy 즐기다

⏱ 유형 2-세부사항 찾기-숫자/시간 (p.136)

Step 3. Practice Test

1. Jimmy wakes up every day at 7 AM. He eats breakfast and gets ready to go to school. His mom always packs him one sandwich and two cookies. His dad drives him to school.

Q1. When does Jimmy wake up?
   (A) 6 AM
   (B) 7 AM
   (C) 8 AM

Q2. How many cookies does Jimmy's mom pack?
   (A) one
   (B) two
   (C) three

정답 (B), (B)

해석 Jimmy는 매일 오전 7시에 일어나. 그는 아침을 먹고 학교에 갈 준비를 해. 그의 엄마는 항상 샌드위치 하나랑 쿠키 두 개를 싸주셔. 그의 아빠는 그를 학교까지 태워다 주셔.

Q1. Jimmy는 언제 일어나는가?
   (A) 오전 6시
   (B) 오전 7시
   (C) 오전 8시

Q2. Jimmy의 엄마는 쿠키를 몇 개 챙겨주는가?

   (A) 1개

   (B) 2개

   (C) 3개

풀이 Q1. 지문에서 Jimmy는 매일 오전 7시에 일어난다고 했습니다. 따라서 정답은 (B)입니다.

   Q2. Jimmy의 엄마는 쿠키 두 개를 싸준다고 했습니다. 따라서 정답은 (B)입니다.

Words and Phrases wake up 일어나다 | every day 매일 | breakfast 아침 | get ready 준비하다 | pack 싸다 | sandwich 샌드위치 | cookie 쿠키 | drive 운전하다

2. It's my sister's birthday today. We have a party at 2 PM. She is 6 years old now. We eat hot dogs, fruits, and a birthday cake. I give her two gifts. She is very happy. I love my sister.

Q1. What time is the party?

   (A) 2 PM

   (B) 4 PM

   (C) 6 PM

Q2. How many gifts does she get?

   (A) one

   (B) two

   (C) three

정답 (A), (B)

해석 오늘은 내 여동생 생일이야. 우리는 2시에 파티가 있어. 그녀는 이제 6살이야. 우리는 핫도그와 과일 그리고 생일케이크를 먹어. 나는 그녀에게 두 개의 선물을 줘. 그녀는 아주 행복해. 나는 내 여동생을 사랑해.

Q1. 파티는 몇 시인가?

   (A) 오후 2시

   (B) 오후 4시

   (C) 오후 6시

Q2. 그녀는 몇 개의 선물을 받는가?

   (A) 한 개

   (B) 두 개

   (C) 세 개

풀이 Q1. 지문에서 '우리'는 파티를 2시에 한다고 했습니다. 본문에 '6'이라는 숫자가 나오지만 여동생의 나이를 나타내는 숫자이기 때문에 혼동하면 안됩니다. 따라서 정답은 (A)입니다.

   Q2. 본문에서 '나'는 여동생에게 두 개의 선물을 준다고 했습니다. 따라서 정답은 (B)입니다.

Words and Phrases sister 여자형제 | birthday 생일 | today 오늘 | now 이제, 지금 | give 주다 | gift 선물 | happy 기쁜, 행복한

🕐 **유형 3-일기-내용 파악하기 (p.144)**

Step 3. Practice Test

1. Today I go to the beach with my family. My dad drives for three hours. First, we make a sandcastle. Then, we eat a snack. Finally, we swim in the ocean. I am very happy.

Q1. How many hours does the dad drive?

   (A) 1 hour

   (B) 2 hours

   (C) 3 hours

Q2. What do they do first?

   (A) eat a snack

   (B) go for a swim

   (C) make a sandcastle

정답 (C), (C)

해석 오늘 나는 가족과 함께 해변가에 놀러가. 아빠가 3시간 동안 운전을 하셔. 먼저, 우리는 모래성을 지어. 그 다음에 우리는 간식을 먹어. 마지막으로, 우리는 바다에서 수영을 해. 나는 행복해.

Q1. 아빠는 몇 시간 동안 운전을 하는가?

   (A) 1시간

   (B) 2시간

   (C) 3시간

Q2. 그들은 제일 먼저 무엇을 하는가?

   (A) 간식 먹기

   (B) 수영하기

   (C) 모래성 만들기

풀이 Q1. 지문에서 아빠가 3시간 동안 운전을 한다고 했습니다. 따라서 정답은 (C)입니다.

Q2. 지문에서 그들은 제일 먼저 모래성을 만든다고 했습니다. 따라서 정답은 (C)입니다.

Words and Phrases beach 해변가 | drive 운전하다 | sandcastle 모래성 | snack 간식 | swim 수영하다 | happy 행복한

2. My family goes on a trip. There are many people at the airport. My mom gets the tickets. We wait in line to get on the airplane. We feel happy and excited.

Q1. Who gets the tickets?
(A) me
(B) my dad
(C) my mom

Q2. How does the family feel?
(A) bored
(B) scared
(C) excited

정답 (C), (C)

해석 우리 가족은 여행을 가. 공항에는 많은 사람들이 있어. 엄마가 표를 받으셔. 우리는 비행기를 타기 위해 줄에서 기다려. 우리는 행복하고 신나.

Q1. 표를 누가 받는가?
(A) 나
(B) 나의 아빠
(C) 나의 엄마

Q2. 가족의 기분은 어떤가?
(A) 지루해하는
(B) 무서워하는
(C) 신이 난

풀이 Q1. 지문에서 "My mom gets the tickets." 라고 했습니다. 따라서 정답은 (C)입니다.

Q2. 지문에서 "We feel happy and excited." 라고 했습니다. 따라서 정답은 (C)입니다.

Words and Phrases excited 신난 | today 오늘 | go on a trip 여행가다 | people 사람들 | airport 공항 | ticket 표 | wait in line 줄서서 기다리다 | airplane 비행기 | bored 지루한 | scared 무서운

🕐 유형 4-일상문-세부사항 찾기-숫자/시간 (p.152)

Step 3. Practice Test

1. Adam wakes up at 8:00 AM to go to soccer practice. He plays soccer with his two best friends. Adam usually walks to soccer practice. But today he wakes up ten minutes late. His dad drives him to practice.

Q1. What time did Adam wake up today?
(A) 8:00 AM
(B) 8:05 AM
(C) 8:10 AM

Q2. How many friends does he play soccer with?
(A) two
(B) three
(C) four

정답 (C), (A)

해석 Adam은 축구 연습에 가기 위해 오전 8시에 일어나. 그는 제일 친한 친구 두 명과 함께 축구를 해. 보통 Adam은 축구 연습하러 걸어가. 하지만 오늘 그는 십분 늦게 일어났어. 그의 아빠가 그를 연습에 태워다 주셔.

Q1. Adam은 오늘 몇 시에 일어났는가?
(A) 오전 8시
(B) 오전 8시 5분
(C) 오전 8시 10분

Q2. 그는 몇 명의 친구랑 같이 축구를 하는가?
(A) 두 명
(B) 세 명
(C) 네 명

풀이 Q1. 본문에 Adam은 항상 오전 8시에 일어나는데 오늘은 오전 8시10분에 일어났다고 했습니다. 따라서 정답은 (C)입니다.

Q2. 본문에 Adam은 두 명의 친구와 함께 축구를 한다고 했습니다. 따라서 정답은 (A)입니다.

Words and Phrases wake up 일어나다 | soccer practice 축구 연습 | walk 걷다 | late 늦은, 늦게 | drive 운전하다

2. Brad's class goes camping to a mountain. At night, they make a fire and eat marshmallows. They go to sleep at 10 o'clock. They camp for two days. They all have fun.

Q1. What time do they sleep?

(A) at 9 o'clock

(B) at 10 o'clock

(C) at 11 o'clock

Q2. How many days do they camp?

(A) one day

(B) two days

(C) three days

정답 (B), (B)

해석 Brad네 학급은 산으로 캠핑을 가. 밤에 그들은 불을 피우고 마시멜로우를 먹어. 그들은 10시에 잠을 자. 그들은 이틀동안 캠핑을 해. 모두가 즐거워.

Q1. 그들은 몇 시에 자는가?

(A) 9시

(B) 10시

(C) 11시

Q2. 그들은 며칠 동안 캠핑을 하는가?

(A) 1일

(B) 2일

(C) 3일

풀이 Q1. 본문에서 그들은 10시에 자러간다고 했습니다. 따라서 정답은 (B)입니다.

　Q2. 본문에서 그들은 이틀 동안 캠핑을 한다고 했습니다. 질문에서는 며칠동안 캠프를 하는지 묻고 있습니다. 따라서 정답은 (B)입니다.

Words and Phrases class 반 | mountain 산 | night 밤 | marshmallow 마시멜로우

⏱ **유형 5-일상문-정보 파악하기 (p.160)**

Step 3. Practice Test

1. It is very cold today. Tim and his dad go ice skating. It is Tim's first time going ice skating. He is scared. He falls down many times. But he doesn't give up.

Q1. Where do Tim and his dad go?

(A) golfing

(B) swimming

(C) ice skating

Q2. How does Tim feel?

(A) sad

(B) scared

(C) excited

정답 (C), (B)

해석 오늘은 매우 추워. Tim과 그의 아빠는 아이스 스케이트를 타러 가. Tim은 처음으로 아이스 스케이트를 타러 가. 그는 겁이 나. 그는 여러번 넘어져. 하지만 그는 포기하지 않아.

Q1. Tim와 그의 아빠는 어디 가는가?

(A) 골프 치러

(B) 수영 하러

(C) 스케이트 타러

Q2. Tim의 기분은 어떠한가?

(A) 슬프다

(B) 겁난다

(C) 신난다

풀이 Q1. 본문에서 Tim과 그의 아빠는 스케이트를 타러 간다고 했습니다. 따라서 정답은 (C)입니다.

　Q2. 본문에서 Tim은 겁이 난다고 했습니다. 따라서 정답은 (B)입니다.

Words and Phrases cold 추운 | ice skate 스케이트를 타다 | first time 처음 | scared 겁 나는 | fall down 넘어지다 | give up 포기하다

2. Susie reads a book with her grandfather and brother every night. Today, they read a horror book. It is fun but scary. Her baby brother goes to sleep. She can't go to sleep because she feels scared.

Q1. What book does Susie read today?

(A) a comic book

(B) a horror book

(C) a fantasy book

Q2. Who goes to sleep?

    (A) Susie

    (B) Susie's brother

    (C) Susie's grandfather

정답 (B), (B)

해석 Susie는 그녀의 할아버지와 남동생과 매일 밤 책을 읽어. 오늘 그들은 공포책을 읽어. 이것은 재밌지만 무서워. 그녀의 남동생은 자러 가. 그녀는 너무 무서워서 잘 수가 없어.

Q1. Susie는 오늘 무슨 책을 읽는가?

    (A) 만화책

    (B) 호러책

    (C) 판타지책

Q2. 누가 잠을 자는가?

    (A) Susie

    (B) Susie의 남자형제

    (C) Susie의 할아버지

풀이 Q1. 본문에서 그들은 오늘 공포책을 읽는다고 했습니다. 따라서 정답은 (B)입니다.

Q2. 보기의 사람들은 모두 본문에 등장하므로 헷갈리지 않도록 본문을 잘 읽어야 합니다. Susie의 남자형제는 잠을 자고, Susie는 너무 무서워서 잠을 잘 수 없다고 했습니다. 따라서 정답은 (B)입니다.

Words and Phrases read 읽다 | grandfather 할아버지 | horror 공포(감) | scary 무서운 | because ~기 때문에 | comic book 만화책 | fantasy 판타지 | scared 무서워하는

TOSEL
유형분석집

PRE-STARTER

Section II.
Reading & Writing